clave

**Laura Chica** es psicóloga y *coach* personal y de equipos, consultora, conferenciante y formadora en empresas y escuelas de negocio. Está especializada en visibilidad y desarrollo del talento desde una perspectiva integral del ser humano. Tras más de veinte años de experiencia en la psicología y el desarrollo de personas, sigue encontrando el reto en su propósito vital: que tengamos una vida lo más cerca posible de nuestra esencia, desde el autoconocimiento y el amor a nosotros mismos, y lo consigue a través de sus libros y conferencias. Es autora de diez libros, entre los que destacan *Autoamor* y *Confía*, que son los dos que, junto a su última obra, *Auténtica*, conforman una trilogía con la que Laura nos prepara para indagar en nuestro interior, amarnos, dejarnos llevar por las enseñanzas de la vida y deshacernos de todas nuestras máscaras.

Para más información, puedes consultar la página web de la autora:
www.laurachica.com

# LAURA CHICA

## Autoamor

Descrubre las claves para amarte y vive
la historia de amor más bonita de tu vida

DEBOLSILLO

Papel certificado por el Forest Stewardship Council®

MIXTO
Papel | Apoyando la silvicultura responsable
FSC® C117695

Penguin Random House Grupo Editorial

Primera edición en Debolsillo: junio de 2024



*Printed in Spain* – Impreso en España

ISBN: 978-84-663-7675-4
Depósito legal: B-7.014-2024

Impreso en Liberdúplex
Sant Llorenç d'Hortons (Barcelona)

P 3 7 6 7 5 4

# Índice

*A mi hija Norah*
*y a todas las mujeres de mi familia*
*y de mi vida,*
*por enseñarme el camino del amor*
*y la sanación.*

*A ti,*
*que estás aprendiendo*
*que el camino a tu alma*
*es el amor.*

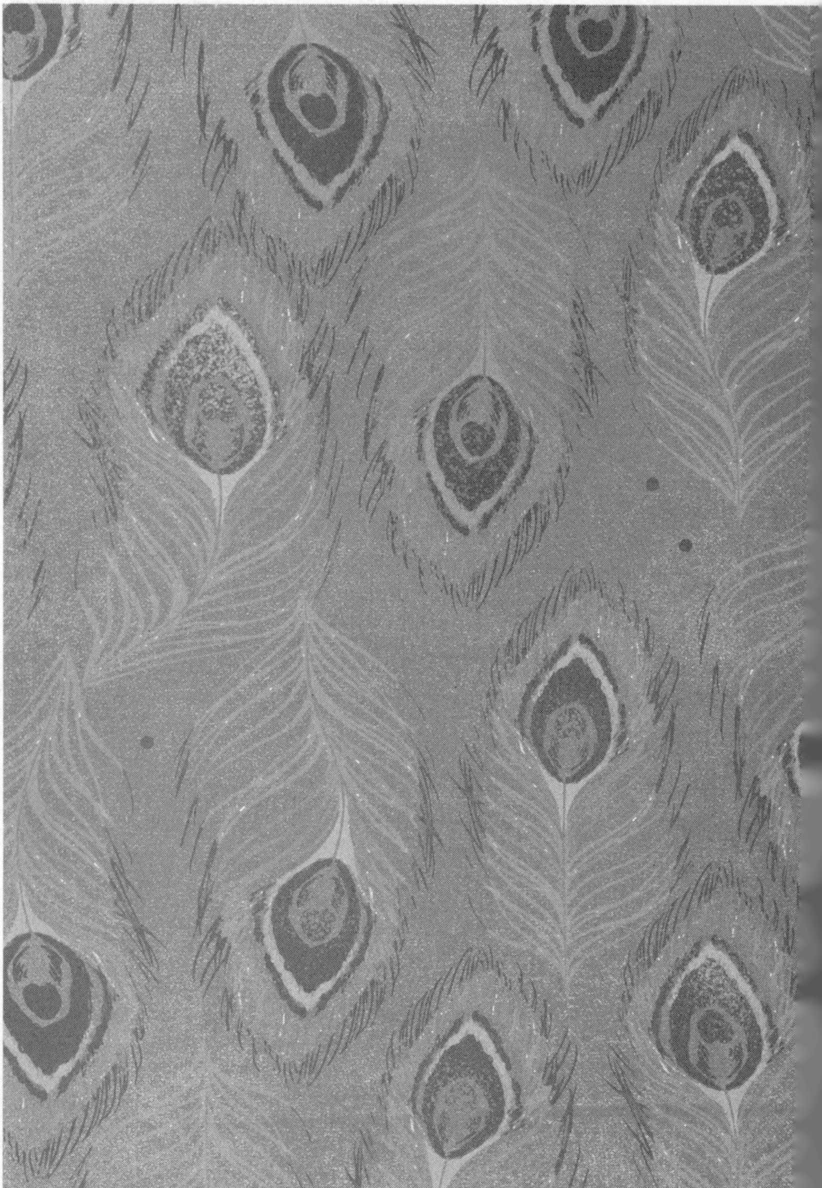

«Hay tanto amor en tu corazón
que podrías usar ese amor para
sanar el mundo entero.
Pero, por ahora, usemos ese amor
para sanarte a ti.

Louise Hay

# La canción del pueblo Himba

*«Existe una tribu en África, el pueblo Himba,*
*donde la fecha de nacimiento de un niño*
*no es el día en que nació, ni el momento en que fue concebido,*
*sino el día en que ese niño fue deseado por su madre.*
*Cuando una mujer decide tener un hijo, se sienta sola bajo un árbol*
*y se concentra hasta escuchar la canción del niño que quiere nacer.*
*Después de escucharla, regresa con el hombre que será el padre de su hijo*
*y se la enseña. Entonces, cuando hacen el amor con la intención de concebirlo,*
*en algún momento cantan su canción, como una forma de invitarlo a venir.*
*Cuando la madre está embarazada, enseña la canción del niño*
*a la gente del lugar,*
*para que cuando nazca, las ancianas y quienes estén a su lado,*
*le canten para darle la bienvenida.*
*A medida que el niño va creciendo, cuando se lastima o se cae,*
*o cuando hace algo bueno, como forma de honrarlo,*
*la gente de la tribu canta su canción.*
*Hay otra ocasión en la que la gente de la tribu le canta al niño.*
*Si en algún momento de su vida comete un crimen o un acto socialmente aberrante,*
*se le llama al centro de la villa y la gente de la comunidad lo rodea.*
*Entonces le cantan su canción.*
*La tribu reconoce que la forma de corregir un comportamiento*
*no es el castigo,*
*sino el amor y la recuperación de la identidad.*
*Cuando uno reconoce su propia canción,*
*no desea ni necesita hacer nada que dañe a otros.*
*Y así continúa durante toda su vida.*
*Cuando contrae matrimonio, se cantan las dos canciones juntas.*
*Y finalmente, cuando va a morir, los hombres*
*y las mujeres de la aldea le cantan su*
*canción, por última vez, en su memoria».*

**(Autor desconocido)**

Ojalá a todos nos hubieran cantado nuestra canción
al nacer, algo que nos ayudara a reconectarnos con
nosotros mismos cuando nos perdemos, y a recordar
el camino a casa. Quizá no es así. Pero si estamos
atentos, podemos escuchar nuestra propia
música si nos abrimos a la voz de nuestra alma,
porque la vida siempre nos recuerda cuándo estamos
vibrando en nuestra propia frecuencia, y cuándo no.
Solo tenemos que aprender a escuchar.
Sigue escuchando tu música cuando te pierdas, y
siempre encontrarás tu camino a casa.

# Maitri

# मैत्री

## Maitri

*(también metta, en pali)*

En sánscrito significa
amor incondicional y bondadoso
hacia ti misma.
Amistad incondicional hacia ti misma.
Apreciar. Mirar de cerca. Abrir tu mente a lo que es,
sin expectativas. Asentir quien eres. Amar quien eres.
Sentir autovaloración, autocuidado, ternura
y plena aceptación incondicional de quien eres.
Mirarte con compasión y amor,
ejercer la no violencia dentro de ti misma.
Esta palabra refleja la grandeza del amor en ti.
Maitri es autoamor.

Busca un lugar dentro de ti
donde exista la luz,
y esa luz iluminará
tus sombras

Quizá has venido a brillar, y no lo sabes.
Brillar es permitirte ser tú.
Desnudarte de todo lo que no eres tú.
Los miedos prestados.
El amor a medias.
Sentir a escondidas.
Esconderte.
No mostrar quién eres,
ni lo que eres capaz de hacer.
Y de ser.
No necesitas aprender nada nuevo,
ni maquillar tus miedos
ni tus ojos para estar más bonita
—ya lo eres—,
pero sí la mirada.
La mirada a ti.
Quizá es tan fácil como permitirte ser tú,
aprender a vivir en ti,
sentir la paz que vive en ti cuando te encuentras,
la calma que te inunda cuando te aceptas.
Y,
ese día,
ese día ya lo tienes todo.

amor,
autoamor,
autovaloración,
autocuidado,
autocompasión,
selflove,
amor incondicional.

## En primera persona

En este libro, después de varios libros compartiendo corazón y tinta, me gustaría contarte algunas cosas sobre mí.

Soy hija de dos personas maravillosas, que se han hecho a sí mismos a pesar de las dificultades. Si miro atrás, siento que he crecido entre dos polos opuestos que me han ayudado a retarme y superarme cada día. Sirva este libro como homenaje a ellos y mi gratitud infinita por la vida y los aprendizajes de vida que me han dado. Todo lo mío es vuestro. Os amo.

Hace más de veinte años que soy psicóloga. En estos años he cambiado tanto, que soy la misma, pero no me parezco. Mi vocación es creer en las personas, y ayudarles a conectarse con su magia interior. Esa que no ven. Esa que tampoco yo sabía ver.

Mi inquietud me llevó a estudiar Psicología a la vez que Criminología y Sexología, para después dedicarme muchos años al desarrollo de personas en empresas, lo que en conjunto me ha ayudado a tener una visión general del ser humano que me permite conectar con su mundo infinito de necesidades y talentos.

Y desde ahí he podido aprender que amor es lo que más necesitamos y lo que menos nos enseñan.

El día que nació mi hija, me di cuenta de lo realmente alejada que estaba de mí.

Vivía desconectada de mí misma, con una vida en la que parecía que todo estaba en su lugar menos yo. Cuando nació mi hija, me pregunté ¿quién soy yo y qué puedo darle? Y tuve una crisis personal que me hizo cambiar, romper y saltar. Estas *crisis* las vivimos varias veces en nuestra vida. Es lo que yo llamo *morir muchas veces en la misma vida*, para volver a renacer, diferente.

En el cambio que elegí, perdí todo lo que creía que era.

Estructura familiar, sueños, pareja, proyectos, la imagen que tenían de mí las personas que amaba. Perder todo lo que era, me hizo volver a reconstruirme pieza a pieza, desde la nada. Y es justo ahí, cuando no tienes nada, cuando puedes crearlo todo.

En ese momento comencé a escuchar lo que había en mi interior, y nació mi primer libro, ¿*Quien eres tú*?, que publicó la editorial Alienta (Planeta) en 2013.

Desde entonces he vivido a kilómetros de distancia de lo que llaman *zona de confort,* me he caído mil veces y me he levantado otras mil. En el camino he descubierto muchas cosas de mí que me han ayudado a comprenderme.

Comprender, por ejemplo, que mi mundo interior reflejaba con un eco a veces insoportable el mundo exterior, a causa de la alta sensibilidad que multiplicaba por diez el dolor, las emociones, pero también el amor y la apreciación del mundo que nos rodea. De ahí nació *Palabras para encontrarte* (2016), mi libro de poesía y prosa poética, de ese intento de poner palabras a lo que sentía mi corazón.

He aprendido a vivir con amor una enfermedad que nunca cuento, que a veces me deja sin poder moverme y amarla, amarme y respetarla.

Comprender, por ejemplo, que me he pasado más de media vida buscando validación externa porque yo no sabía quererme, porque nunca me enseñaron, porque nunca supe, y ahora sí.

Comprender cómo el dolor me ha enseñado el camino, porque el dolor es recogimiento, y siempre lo he vivido como camino para volver a mí.

Comprender que cuando alguien me decía «no vales para esto» o «quién te va a querer», a pesar del dolor que yo sentía con esas palabras, reflejaba cómo me estaba queriendo yo.

Comprender que la razón de no haber tenido una vida fácil emocionalmente, era mi necesidad de aprendizaje para mi crecimiento y evolución. Aprender de lo que me pasa, sentirlo, integrarlo, para compartirlo contigo después.

En el camino he aprendido a confiar, a soltar el control ilusorio con el que vivimos, porque la vida tiene sus planes, su ritmo, sus procesos, y todo llega, te resistas o no.

Hoy siento que estoy aquí —ahora en tus manos— con un propósito. Que todo el camino recorrido, con las caídas y las lecciones aprendidas, tenían un sentido. Miro a mi hija, y me gustaría que aprendiera a amarse antes de lo que lo aprendí yo. Y, por ella y por ti, he querido escribir este libro.

Porque cuando tú te ordenas por dentro, todo se ordena por fuera. Y cuando tú encuentras tu lugar, el mundo también te lo da. Y cuando tú te aprendes a amar, los demás también saben cómo hacerlo.

Sé lo que es no saber quién eres y encontrarte, tener que elegir entre creer en ti o escuchar a los que te dicen que no, elegir ser valiente cuando parece que todo está en tu contra, y superar cada día tus mayores fantasmas.

Y un eje central en toda mi historia, creciendo a la vez que yo: el autoamor.

Creo que toda mi vida ha sido un camino de autodescubrimiento en dirección a ese destino. Cada aprendizaje, cada experiencia me ha llevado al encuentro conmigo misma, para descubrirme en mis luces, mis sombras, a mostrarme desnuda en mi encuentro con los otros, a poner límites. A amar en libertad y amarme en todos los casos, en la salud y en la enfermedad, en la alegría y en la tristeza, en los sueños y en el suelo. Mi vida está llena de episodios de volver a empezar, de aprender a confiar en mí, y de aprender a levantarme de las caídas, recordando que

*el maestro siempre está dentro de uno mismo y*
*la voz más importante es tu corazón.*

El autoconocimiento es un camino que no termina nunca, y yo lo vivo con la ilusión de una niña que cada día aprende algo nuevo de sí misma. Ese aprendizaje a veces viene en forma de regalos, envuelto en forma de experiencias bonitas, sentimientos preciosos y personas mágicas. Y, a veces, los mejores regalos te llegan en forma de dolor, con rupturas y decepciones, envueltos en sentimientos de tristeza o decepción y a través de personas que rompen tus esquemas cuando llegan o cuando se van.

*Pero durante el camino descubres que todo es un regalo; más allá de la apariencia, todo te ayuda a crecer, a evolucionar y a transformarte, a veces desde el dolor, y otras desde el amor.*

## En este libro...

En este libro encontrarás lo que me hubiera encantado leer a mí hace años para ser más feliz conmigo. Para entenderme, comprenderme, desde la más pura aceptación, y amarme. Para elegir creer en mí. Para elegir mejor a quién me entregaba. Para elegir cómo me miraba. Y recordar elegir siempre el amor.

Es un manual de amor propio, de respeto al milagro que somos, de VIDA en mayúsculas. Es el libro que quisiera darle a mi hija y decirle:

«Norah, si consigues esto, ya lo tienes todo».

Claves, frases, poesías, meditaciones, mantras, textos reveladores y un reto. Cada uno con un mensaje directo al camino del autoamor, que aislados no reflejan el poder que tienen, pero todos juntos forma un gran camino que te invito a disfrutar. El camino de encontrarte contigo, de darte espacio, de conectarte con tu amor más profundo e incondicional, y desde ahí, relacionarte con el mundo.

*Bienvenida/o al mundo del 'tú primero'*
*y lo demás después.*

Y no es egoísmo, como nos han enseñado. No es mala educación, como nos han contado. No es falta de respeto a los demás.

Es aprender a entender que sin ti no hay nada; que si no te das a ti, no tienes para dar a los demás, que si vives para todo el mundo y te olvidas de ti, estás vacía.

Es sentir que tu felicidad está en amarte como eres, y solo desde ahí podrás compartir esa felicidad con el mundo. Que lo que hagas por ti, lo haces por y para los demás.

Es descubrir que te has escondido de ti para que te quieran, pero olvidando quererte tú. Que solo volviendo a ti y encontrando tu lugar en ti, encontrarás tu paz, te sentirás plena y completa y descubrirás la calma como tu mejor destino.

Que solo desde ahí podrás establecer relaciones conscientes y sanas con los demás, creer en ti, apostar por ti y construir tus sueños.

Y no pasa nada si no te han enseñado a amarte suficiente. A amarte bien. A amarte incondicionalmente. Ahora es tu momento.

Porque solo desde ahí podrás construir lo que quieres, lo que eres, relacionarte con el amor, con los demás, encontrar tu centro, sentir tu cielo, encontrar tu paz.

Siendo tú.

*Abrazando todo lo que eres.*
*Lo que te gusta y lo que no.*
*Lo que ves y lo que no.*
*A ti.*
*Contigo.*

Autoamor es dejar de rechazarte para empezar a amarte.

Dejar de exigirte para empezar a apoyarte.

Dejar de juzgarte para empezar a comprenderte.

A mirarte bonito. A respetarte. A sentir lo que sientes.

A entenderte. A amarte.

Recuerda que nacemos brillando, y por el camino vamos perdiendo luz a través de nuestras heridas. Pero es justo por ahí donde podemos volver a ser esa luz. Abrazándolas. Sanando. Y la verdadera sanación es la mirada compasiva. Mira dentro de tu alma, tu mente y tu corazón, y encuentra ese lugar de ti donde eres amor. Y quédate ahí, contigo.

Si lo encuentras, ya has encontrado el cielo.

Tu cielo.

# ¿Qué es Autoamor?

Te rechazas y sufres.
Te aceptas y te transformas.

Quizá en este momento te estás rechazando a ti misma y no lo sabes.

Quizá no te aceptas, no te estás queriendo, no te cuidas, o aún no te has perdonado un episodio de tu vida.

Quizá estás en un relación tóxica con el mundo, porque también la tienes contigo misma, y no sabes permitir a los demás que te quieran bien.

Quizá no te estás permitiendo soñar alto, creer en ti, o caminar en la dirección de tus sueños, porque no crees que eso sea para ti.

Quizá la vida aún no te ha enseñado a mirarte bonito y tú sigues viviendo alejada de tu amor; y es justo el amor tu camino de vuelta a casa.

El autoamor. El amor incondicional por ti misma. Mirarte desde el amor que eres y sientes. Mirar el mundo desde ahí. Y cuando tú eres desde el amor, todo es amor.

Muy poco se habla de esta palabra, que en realidad es un arte.

Hemos escuchado mucho la palabra autoestima, pero nunca autoamor.

Es curioso, porque la cura para la autoestima cuando duele es el autoamor.

La autoestima es la valoración que haces de ti misma, la opinión que tienes de ti, la percepción que tienes de tus cualidades y capacidades, cómo te miras, cómo te ves.

El único camino que hay para pasar de una autoestima o autovaloración baja a una autoestima sana es mirarte desde el amor. Entrenar una mirada más positiva, más compasiva y tolerante, con más aceptación y menos juicio, y abrazar lo que eres con amor incondicional. Sin importar el contexto, la comparación o los logros. Amándote tú.

*El amor todo lo cura.*
*Y a ti también.*

A día de hoy, según la RAE (Real Academia Española), *Autoamor* no existe.

Podría ser una traducción del concepto en inglés: *selflove*, que no solo existe, sino que hay numerosa investigación y bibliografía al respecto.

En nuestra conversación natural no existe. No hablamos de ello. No sabemos cómo llamar a ese sentimiento de amor incondicional por nosotros mismos. Eso dice mucho de cómo nos relacionamos con esta palabra. Más que presencia, vivimos su ausencia. En todos los sentidos.

Quizá es necesario comenzar a darle un lugar a esa palabra en nuestra vida desde este momento. Te propongo esta definición:

**Autoamor**
Nombre masculino singular

1. Amor a uno mismo.
2. Amarte de forma incondicional más allá del contexto, mostrando respeto, cuidado y amor por ti.
3. Amor por uno mismo. Respeto, cuidado y amor incondicional. Más allá de la autoestima, que es una comparación social, el autoamor es el amor desde lo más profundo de uno mismo, al margen del entorno y de las circunstancias.

Autoamor es sentir amor por ti.

Tener, sentir, hacer. Cuidar lo que eres, proteger lo que eres, respetar tus sentimientos, hacer cosas que te hagan bien, dejar de hacer lo que te haga mal.

Decidir y hacer desde el amor a ti. Mirarte desde el amor. Sentirte desde el amor. Actuar contigo misma desde el amor.

Todo lo que no hagas en esa línea, va en contra.

Cuando te callas, priorizando lo que necesita el otro a lo que necesitas tú, no te estás amando. Cuando no haces caso de lo que estás sintiendo, no respetas tus necesidades, o te haces daño con pensamientos negativos constantes, no te estás amando. Cuando te avergüenzas, te culpas, te rechazas, no te estás amando.

Nos retiramos el amor en la medida en la que nos dejamos de cuidar y respetar a nosotras mismas, a lo que somos, sentimos y hacemos, y el único camino de vuelta a ti es el amor.

*En este caso, el amor se cura con respeto,*
*con escucha, con atención, con cuidado*
*y con más amor.*

Es la única medicina para una *enfermedad* que apenas hemos detectado, porque siempre ha vivido con nosotras. La educación nunca se ha centrado en el *self*, siempre en cuidar y respetar a los demás.

Hasta hoy, que hemos descubierto que tenemos la medicina perfecta.

La *pastilla* para curarnos se llama amor, y el resultado es el autoamor; amándote sientes más felicidad, tienes mayor equilibrio y paz interior.

El autoamor no es un destino,
es un camino de práctica diaria.

Cada decisión, cada mirada, cada gesto contigo, es el entrenamiento. Cada día un poco, cada día un paso, en el sentido inverso a lo que vienes haciendo a lo largo de tu vida; ahora te toca hacerlo para ti.

Una cosa más: nadie puede darnos eso que no sabemos darnos a nosotras mismas.

Puedes tener la pareja perfecta, el compañero perfecto, o todo lo perfecto que pueda ser tu entorno y tus relaciones, pero el autoamor es algo que solo puedes sentir tú. Eso sí, cuando puedes sentirlo en ti, haces más bonito tu mundo (interior y exterior).

Vas caminando hacia un perfecto equilibrio que se desequilibra a veces, como la vida misma, pero desde ese lugar de amor a ti, es más fácil encontrar el camino de vuelta.

Una vida desde el Autoamor es más equilibrada, coherente y plena; te es más fácil gestionar emociones, vivir la adversidad y superar obstáculos; puedes ser más asertiva, poner límites y darte lo que necesitas con consciencia y amor, y todo eso lo devuelves al mundo con más amor.

*El autoamor es el amor al mundo desde el amor a ti.*

# El modelo 10A de autoamor

Vida,

Autoamor,

Equilibrio

Confianza

Amor

Presente

Ser

## Autoamor: Antecedentes

Si bien el concepto *autoamor* como tal no tiene referencias previas, me gustaría hacer referencia a las investigaciones y publicaciones que en el mundo de la psicología se han realizado en torno al concepto de autoestima, y más tarde y relacionado con ello, aunque de modo diferente, la autocompasión. Investigaciones y referencias que van desde la psicología humanista de Carl Rogers (1959) hasta la actualidad, pasando por las referencias a la compasión con uno mismo de la milenaria psicología budista. Resaltar, por si te gustaría profundizar en ellos, las investigaciones de Kernis y la «autoestima óptima» (2003), el concepto de «autoestima verdadera» de Deci y Ryan (1991), la tradicional escala de autoestima de Rosenberg (1965), el modelo de «los 6 pilares de la autoestima» de Nathaniel Branden, las investigaciones de Jon

Kabat-Zinn sobre atención plena y *mindfulness* y su influencia positiva en la autoestima, y la investigación sobre la *autocompasión* de Kristin Neff (2011) y su posterior programa *MSC* de K. Neff y Chris Germer. Todos ellos aportan una visión centrada en la valoración personal, los relacionados con autoestima, y la *autoaceptación*, y la mirada bondadosa a uno mismo especialmente ante el sufrimiento, en el caso de la autocompasión.

Si bien es cierto que la autocompasión se acerca más al concepto de amor y acogimiento a uno mismo que el concepto de autoestima, el concepto de autoamor es aún más amplio. El autoamor incluye otros elementos que no están contemplados en el concepto de autocompasión, pasando a ser, por tanto, la autocompasión, un elemento clave del concepto de autoamor.

En este proceso de descubrimiento de la esencia del concepto de autoamor, he definido lo que para mí son los 10 componentes, áreas o elementos básicos que forman el camino para amarte a ti misma incondicionalmente: el modelo 10A de Autoamor.

# Autoamor. El modelo 10A

¿Por donde empezar a trabajarlo? Si pudiéramos resumir el autoamor en 10 elementos sería el Modelo 10A de Autoamor. Es *un todo* que refleja el autoamor en 3 dimensiones del ser:

- *Cómo me relaciono conmigo*
  **(con mi pasado, mi presente y mi futuro).**
- *Cómo me relaciono con los demás*
  **(relaciones sanas y equilibradas).**
- *Cómo me relaciono con la vida*
  **(mi actitud, confianza y conexión).**

*Cómo o desde donde, porque cuanto más trabaje el desarrollo del autoamor en mi relación conmigo, mejor me voy a relacionar con los demás y con la vida, desde un lugar más seguro, más sano, con más confianza y amor.

El Modelo 10A de Autoamor con las 3 dimensiones del ser, implicaría atender a estos 10 elementos que, trabajados y desarrollados, nos ayudarían a tener un autoamor sano y equilibrado, que nos hará sentir más seguros, confiados, empoderados y por supuesto felices, al respetarnos y sentirnos respetados, al vivir coherentemente con lo que cada uno cree y siente, y al poder conectarnos con los demás y con la vida desde un lugar de confianza, respeto y amor.

El Modelo 10A de Autoamor incluye atender a estos 10 elementos principales que abordarían las 3 dimensiones del ser, (yo, yo con los demás, yo con la vida).

Cada clave de este modelo es una llave a ti. Seguir cada uno de sus pasos te asegura revisar y atender lo más importante en el camino del autoamor, desde cómo te miras (autovaloración) a cómo te relaciones con el mundo (actitud). Si acompañas a personas a su desarrollo, hacerlo mediante este modelo es clave para facilitarles conectarse con su luz. Paso a paso. Atendiendo a las tres dimensiones del ser para un crecimiento equilibrado y pleno. Mente, corazón, cuerpo y alma.

Te cuento un poco más sobre cada uno de estos pasos del camino de autoamor según este modelo 10A.

1. **Autoconocimiento y autoaceptación incondicional:** el primer paso para amarte es conocerte, descubrirte y aceptarte, con tus posibilidades y limitaciones, con tus errores y tu valor. Desde ahí puedes construirlo todo. Sin eso, todo lo que construyas, en algún momento, se derrumbará.

Autoaceptación

Autocuidado

Autovalidación emocional

Actitud

Autoafirmación

Alma

Asertividad

Autocompasión

Autoconfianza

Autovaloración

Modelo 10A de Autoamor Laura Chica

2. **Autocuidado y respeto:** aprender a sentir qué necesitas, tomar consciencia y permitirte dártelo. Cuidar de ti, por dentro y por fuera. Respetarte. Respetar tus ciclos. Aprender a darte tu lugar, tu espacio, tu tiempo, cuando así lo necesites, por tu bienestar. Cuidarte es amarte.
3. **Autocompasión y amor bondadoso:** aprender a amarte cuando no te ames. A cuidar de ti cuando te necesites, con el amor y compasión con el que cuidarías a alguien que te necesita. Amabilidad y amor contigo misma, sentirte conectada al amor del mundo y no juzgarte. Incluimos aquí los 3 elementos de la autocompasión: atención plena a lo que sientes, amor bondadoso a ti misma, y sentirte conectada con el mundo. (Neff 2003).
4. **Autovalidación autoemocional:** cómo te relacionas con tus emociones: desde el rechazo o negación, o desde la aceptación y gestión positiva. La gestión emocional es clave para aceptar lo que sientes, validarlo, y desde ahí, aceptarte y amarte. El amor como eje para comprender tus emociones y permitir tu evolución desde ahí.
5. **Afirmación de tu cuerpo y tu sexualidad:** autoafirmación de ti misma a través de la aceptación de tu cuerpo y de tu

sexualidad. Aceptar tu cuerpo como es, vivir tu cuerpo y tu sexualidad, amarte como eres. Tu cuerpo es tu templo.

6. **Autoconfianza y autoliderazgo:** conocerte es también aprender a confiar en ti, conocer tus fortalezas y recursos personales, y sentir que lideras tu vida. Apostar por ti, creer en ti, creer en lo que quieres y darte el permiso para conseguir tus sueños y objetivos.
7. **Autovaloración y gratitud:** sentir dentro de ti el valor que tienes. Sentirte merecedora de amor y de éxito. Relacionarte desde la seguridad. Desarrollar una mirada de admiración y gratitud hacia ti misma y tu historia. A lo que fuiste, eres y eres capaz de ser. Eres mucho más que tus logros.
8. **Alma y esencia:** sentirte conectada con tu alma, tu espiritualidad, tu ser. Confiar en tu intuición, en tu sabiduría y tus tiempos. Vivirte desde esa conexión contigo. Desapegarte del ego y ser esencia. SER.
9. **Asertividad y relaciones sanas:** ser fiel a ti. Establecer límites sanos en tus relaciones y aprender a relacionarte desde el respeto a ti. Vivir relaciones equilibradas y sanas donde puedas expresar lo que necesitas y encuentres el espacio para ti. Compasión y amor por los demás.

10. **Actitud ante la vida:** relacionarte con la vida desde el amor a ti, con plenitud, actitud positiva, esperanza, optimismo y confianza, para vivir con mayor bienestar y felicidad. Desde el autoamor, la actitud ante la vida es más positiva porque te relacionas desde el amor y no desde la carencia o la comparación.

Con este modelo puedes valorar cada una de las partes, reconocer cuánto de cada elemento vive en ti, cuál más, cuál menos, y ubicarte en tu propio mapa de desarrollo para poder comenzar a caminar. Lo puedes usar de forma practica al final de este libro en la herramienta «Rueda del autoamor». A lo largo de este libro, podrás reflexionar sobre cada uno de estos elementos de forma transversal casi sin darte cuenta. El objetivo, como siempre, es poner luz a eso que no ves en ti, comprenderte, y amarte. Siempre con amor y desde el amor. Espero que disfrutes el (tu) camino.

*(Si quieres ampliar contenido sobre este modelo, te invito a conectarte conmigo en www.autoamor.es)*

## Autoamor: algunas claves para comenzar a caminar

- Autoamor implica autoconocimiento; profundizar en el conocimiento de ti misma, para amarte desde tu verdad. No hay máscaras. No hay maquillaje. Solo verdad.
- El primer paso siempre es la consciencia: poner luz a lo que no ves. A tus miedos. A tus heridas. A lo que rechazas de ti. A eso de lo que huyes. La luz siempre iluminará tus sombras.
- No puedes amar lo que no conoces, ni puedes confiar en algo que no sabes que tienes. El autoamor es el camino, y el autodescubrimiento tu mayor aliado. Conocer tus recursos, cualidades y fortalezas, así como lo que vive en lo más profundo de ti, te ayudará a confiar en ti, saber escucharte y darte lo que necesitas en cada momento para seguir evolucionando.
- Autoamor es aprender a aceptarte, porque cuando te rechazas, sufres, y cuando te aceptas, tienes el poder de transformarte.
- Autoamor también es cuidar la experiencia que vives. En tu vida no puedes cambiar lo que pasa, pero cuidar cómo vives lo que pasa, es cuidarte tú.
- Todo lo que hagas cada día, por pequeño que sea, que te esté llevando a mejorar o ser mejor persona, forma parte del autoamor.

- Tu camino de amor debe comenzar con el autoamor, porque sin amarte a ti misma, difícilmente podrás amar a otras personas.
- La experiencia de autoamor implica aprender a perdonarte a ti misma. No es posible amarte sin amar todo. Amar solo se conjuga en incondicional.
- Cuando aprendes a amarte tú, el amor que creas y vives en tu interior se refleja en tu exterior. Tu relación de paz y equilibrio contigo misma se manifiesta en tus relaciones con los demás. Sentirás más armonía, más amor y menos miedos.
- Cuando te amas a ti misma, también encuentras tranquilidad, felicidad y equilibrio. Por eso, cuando alguien pregunta «¿cómo ser feliz, sentir paz o estar en equilibrio?» la respuesta siempre es: empieza amándote a ti primero, y lo demás viene solo.
- Autoamor es amarte cuando te permites ser tú.

El autoamor es un proceso con 3 fases (AAA):

*Autoconsciencia, Autoaceptación y Autoamor.*

Aprendiendo a mirarte desde tu luz, puedes tomar consciencia y ver qué necesitas, qué sientes, destapar tus heridas y ver todo de ti. Aceptación implica abrazar sin juzgar, amar todo lo que eres, tus sombras, tus miedos, y lo que siempre has rechazado de ti. Y solo desde ahí puedes empezar a amarte de verdad, incondicionalmente y sin máscaras; solo tú.

Tomar consciencia, aceptar y amar.

Poner luz, comprender y amar.

Amar lo que es, amar lo que eres, amar desde tu verdad.

El autoamor es un camino con infinitas paradas.

En algunas te bajas, otras te las saltas

y en otras te quedas a vivir.

Asegúrate de visitar todos los lugares que necesites

para llegar a tu destino.

A ti.

♥

Autoamor soy yo
eligiendo amarme.
No tiene que ver
con el pensamiento;
es un sentimiento.
Soy yo amándome,
Eres tú amándote.
Con menos mente
y más amor.
Sin condición.
Sin juicio.
Solo amor.

## Un secreto para curarlo todo:

Esta es la clave para cada parte del proceso
de cada parte de este libro.
De cada parte de ti.
Como cuidarías las heridas
de alguien a quien amas mucho.

Hoy esa persona eres tú.

Poner luz
Observar
Comprender
Abrazar
Amar

## Las raíces y el árbol

A medida que vamos conectándonos con el amor, de la mano llegan el respeto, el cuidado, y más amor. A medida que vas alimentando el autoamor, vas descubriendo un camino precioso (y difícil) de conexión contigo. Y en ese camino aprenderás a amarte, a atenderte, a cuidarte y a respetarte. Cada día un poco más, un paso más, con más profundidad.

*El camino es hacia dentro.*

Si pudiéramos visualizarlo, sería como la raíz de un árbol, que va creciendo hacia dentro. Nacemos con una raíz determinada, que nos recuerda que hay que regar y cuidar nuestra planta (el amor) para que crezca. Sin embargo no nos lo cuentan bien, y pasamos gran parte de nuestra vida regando la parte exterior, y repartiendo amor hacia fuera, regalándolo y pidiéndolo a los demás.

Es importante, pero no suficiente.

La sensación de vacío que nos acompaña casi toda nuestra vida, quizá tiene que ver con eso; el espacio vacío que hay en nuestro interior para que las raíces puedan crecer hacia dentro.

*Sí, podemos sentir el vacío.*

*Si lo sientes, quizá es una llamada a llenarlo;*

*contigo, de ti.*

De nadie más, porque ningún amor puede llenar

el vacío que sientes

cuando no sabes amarte a ti misma.

Y la plenitud llega con el equilibrio:

las raíces crecen hacia dentro, alimentadas por el amor, el respeto, el cuidado a ti misma, y a la vez, crecen hacia fuera, como un árbol frondoso de amor, cuidado y respeto a los demás, desde la coherencia, el equilibrio y el AMOR.

# 55+1 claves para el autoamor

Quítate el ruido de qué dirán
para permitirte ser tú

# Vuelve a ti

¿Cuánto tiempo llevas sin ti? Yo viví sin mí muchos años. Lo curioso es que no puedes verlo, no lo sabes, hasta que un día, en cualquier parte, en cualquier lugar, pasa algo y te das cuenta de que no te tienes. De que estabas perdida. De que te necesitas y no te encuentras. Y ese día, o cualquier otro, despiertas al vacío de vivir sin ti para empezar a buscarte por todas partes. En otros brazos. En otros ojos. En las palabras de aprobación de los demás. Hasta que, lejos de encontrarte, acabas sintiéndote más perdida. Resulta que no era ahí.

Nada era ahí.

Todo era dentro, hacia ti, en ti, contigo. Donde menos se te ocurrió buscar. Donde más ciega estabas.

Ahí estaba tu mayor tesoro: tú misma.

Tu amor propio, tu aprobación, tus palabras de amor, tu mirada bonita, tus propios brazos. Todo estaba ahí, justo donde no miraste.

Ese día acaba una vida para ti y empieza otra.

Acaba la vida en la que te sientes esclava del qué dirán, del pensamiento de los demás, del esperar que te quieran, que te cuiden, que te den todo eso que tú no sabes darte.

Y comienza el mayor descubrimiento de tu vida: que siempre te tienes a ti.

Y mientras tú estés contigo, todo está bien.

Un día me pregunté cuánto había de verdad en *mi verdad*. Cuestioné mi autoimagen; la mía, y la que los demás habían creado en mí. Parece sencillo, pero es un camino de cuestionar para volver a crear. De derrumbar lo que crees para volver a crear. Cada uno de esos *eres* que han dejado huella en ti. «Eres intensa, eres impulsiva, eres mejor cuando no opinas». Esos mensajes que han creado una imagen de ti que es como un «traje a medida de los demás» que ahora no sabes quitarte.

Volver a ti es desnudarte de todo lo que no eres tú.

Mirada. Juicios. Etiquetas. Palabras impuestas. Máscaras donde esconderte. Miedo. Muchos miedos.

Imagina cómo serías tú sin juzgarte. ¿Qué verías si pudieras mirarte por primera vez? ¿Cómo te mirarías? Quizá con asombro, admirando lo que ves, valorando lo que tienes. Si pudieras aplicar *mindfulness* a ti misma, a tu mirada, desde la atención plena y la plena aceptación de lo que eres, sin juicio, ¿qué verías? Esa eres tú. La que queda cuando te quitas los juicios, los miedos, los *tendría que*, los *debería*, los defectos proyectados, las debilidades impuestas, las etiquetas regaladas, lo que tienes, lo que pones y todo lo que no eres. Porque volver a ti es quitarte todo lo que no eres tú.

Volver a ti es volver a tu esencia, aceptar y amar todo lo que eres tú, aceptar lo que eres, lo que pasa, y la vida tal y como es. Y desde ese amor y aceptación de lo que eres, fluir con ello para poder transformarte, crecer y avanzar. Volver a ti es aprender a mirarte desde la magia que eres, con gratitud absoluta por tu existencia, y por cada paso del camino recorrido: tu historia. Amando lo que es y lo que eres a cada segundo, en cada paso, en cada sueño, con menos exigencia y más amor.

Volver a ti es aprender a conectarte con tu corazón y vivir desde tu esencia.

Y quedarte siempre contigo.

*Me permito ser,*
*sentir lo que siento*
*y amarme tal y como soy.*

*Vivir desde mi autenticidad*
*también inspira a los demás*
*a serlo.*

Cuando te pierdas, vuelve al amor.

Cuando no te encuentres, vuelve al amor.

Cuando sientas tristeza, vuelve al amor.

Cuando la ansiedad no te deje respirar, vuelve al amor.

Cuando escuches ruido en tu mente, vuelve al amor.

Cuando no puedas recordar tus sueños, vuelve al amor.

Cuando no recuerdes el camino, vuelve al amor.

Porque si el amor es todo lo que eres,

volver al amor

es volver a ti.

Cerrar los ojos a tu verdad
te aleja de ti.
♥

## Respeta tus ciclos

Respiré el día que entendí que la vida son ciclos. Que todo lo que nos rodea son ciclos. La vida. Las relaciones. Lo que sientes. Lo que haces. Lo que necesitas. Todo.

Me inundaba la culpa cada vez que sentía que algo dentro de mí terminaba, y que lo tenía que terminar fuera. Cambiar de trabajo, terminar relaciones, un divorcio. A pesar de que es algo biológico, natural, el entorno no ayuda; los cambios siguen sin estar bien vistos, la gente quiere que sigas donde siempre y como siempre. Lo demás no es bueno. Y yo, inconformista y coherente, no sé estar donde sienta que ya no.

Recuerdo un día clave en mi proceso de aceptación gracias a los ciclos. Estaba viviendo el fin de una relación, con culpa por mi decisión, y en medio de la tormenta que de por sí era esa circunstancia, la agravaba con mi sentimiento de culpa hacia mí misma. Me organicé un viaje para tomar perspectiva, y cogí de mi estantería un libro que tenía desde hacía 12 años: *Anatomía del amor*, de Helen Fischer. Recuerdo un momento en el avión en el que, al pasar una pagina, había un cuadro con una estadística. Ese cuadro recogía el tiempo medio de duración del matrimonio en todas las culturas del mundo: eran cuatro años. Es por tanto natural que algo empiece y acabe y que vuelva a empezar, aunque nos hayan contado lo contrario.

Quizá es *normal* seguir en algo aunque por dentro sientas que ha acabado. Quizá al escucharme más a mí misma fui más coherente que en otros momentos de mi vida. Quizá el mundo se ha acostumbrado a firmar un contrato y cumplirlo, incluso cuando ya no siente. Lo que me estaba ocurriendo es, sencillamente, que dentro de mí estaba acabando un ciclo para empezar otro. Algo que te llena de culpa, por elegir finalizar lo que ya no resuena en ti, aunque el mundo nunca lo entienda. Pasa con el trabajo, las relaciones, las decisiones y la vida.

*Y resulta que la vida es cíclica. Que todo lo es;*
*y tú también.*

Ya no eres la persona de hace cinco años, has cambiado. Lo que antes necesitabas, ya no te aporta nada; lo que antes te hacía feliz, ya no te llena. Eso es lo que a veces sientes en forma de vacío, desmotivación o desilusión, y en lugar de sentirlo, comprenderlo (comprenderte) y actuar, te quedas esperando a que todo vuelva a ser como antes. En algunos casos, buscas *la pastilla* o la receta para poder seguir con tu vida sin escuchar a tu corazón.

Si aprendes a incorporar la naturaleza de los ciclos en tu vida, tu forma de vivir los finales cambian; te restarás culpa y afrontarás con optimismo e ilusión lo que sea que esté por llegar, porque aceptas que es la naturaleza de las cosas, comenzar y transformarse, y a veces, terminar. Tu naturaleza también es cíclica, cada día sientes diferente, tu cuerpo está diferente, las cosas te afectan diferente, y aceptar eso es aceptarte a ti, comprendiéndote y amándote tal y como eres en cada momento.

Amarte también es aceptar lo que sientes, respetar la naturaleza de lo que sientes, y comprenderte; si lo sientes, es, está ahí para algo, y se manifiesta coherente con la acción.

Cerrar los ojos a tu verdad te aleja de ti, retrasa el cambio y (muy probablemente) hará que tu cuerpo somatice lo que tú no quieres ver.

*Acepta cuando algo empieza y cuando algo acaba. Tu vida está llena de principios y finales para volver a empezar.*

Todo lo que trabajes en ti,
sanes y ordenes,
se manifestará fuera.

♥

## Aléjate de lo que no, y haz espacio a lo que sí

Una de las pruebas más difíciles es aprender a alejarte *de lo que no*.

A veces miras atrás y te das cuenta de que en poco tiempo te has alejado de personas que pensabas que estarían en tu vida para siempre, y te has acercado mucho a personas que acaban de entrar en tu vida. A veces pasa porque se van ellos, a veces porque te vas tú. Cuando esto pasa, tan solo es una manifestación de que algo ha cambiado o evolucionado en ti. La energía, la vibración, las prioridades. Funciona como una selección natural; se queda a tu lado quien comparte tu energía. Llega a tu vida quien se siente alineado con tu vibración. Por la misma regla, desaparece o baja la intensidad la relación con las personas que ya no la comparten. Quizá porque has cambiado.

Y te dicen: «Has cambiado».

A lo que tenemos que responder: «*Gracias*».

Porque en este caso, cambiar es evolucionar.

A veces tu entorno está acostumbrado a ver en ti lo que ellos necesitan que seas, no quien eres en realidad. Todo está bien, vives siendo lo que ellos esperan de ti, hasta que un día te sientes perdida, vacía, sinsentido, y decides reconectarte con quien de verdad eres. Ese día empieza el cambio, porque empiezas a respetarte tú. Y cuando existe cambio en ti, todo cambia: lo que eres, lo que haces, y cómo te relacionas con los demás y los demás contigo.

*Aléjate de todo lo que te aleje de ti.*

Ya no eres lo que ellos esperan o necesitan de ti; ahora comienzas a ser tú. Y tu vida se transforma en el reto de mantener el equilibrio entre ser tú (en esencia) y mostrarte como eres y dar lo que necesitan (esencia-apariencia), trabajando contigo misma tu necesidad de ser aceptada, de que te quieran, sin volver a caer en la trampa inicial de olvidarte de ti, de gustar a los demás dejando de ser tú, para no quedarte sola.

Pero las fuerzas trabajan de dentro hacia fuera; cuanto más arraigado esté en ti el amor hacia quién eres, tu aceptación de todo lo que eres tú y tu capacidad de abrazar todo de ti, más rápido comienzas a equilibrarte y más rápidas son tus respuestas en las situaciones de conflicto.

Cuando aún no has avanzado lo suficiente en ese amor a ti, en tu aceptación, en el respeto a cómo eres, más difícil se te hará sobreponerte o reaccionar y afrontar esos conflictos de equilibrio con las exigencias de los demás. Es cuestión de equilibrio; a más autoamor, más equilibrio (y asertividad). A menos autoamor, más desequilibrio (y pasividad en un extremo y agresividad en otro).

Por eso todo está en ti.

Y todo lo que trabajes en ti, lo que sanes y ordenes, se manifestará fuera.

*Cuando permites que lo que se tenga que ir se vaya, también permites que lo que tenga que llegar llegue.*

Lo que llega suele ser mágico; personas alineadas con tu evolución, con respeto a tus cambios, que te seguirán sumando en tu proceso de crecimiento. Abrirte a ellos es abrirte a ti, dejar que entren, te aporten, te sumen todo lo que han venido a traerte (y tú a ellos) y estarán mientras tengan cosas que aportarte, al igual que tú a ellos.

Es la magia de dejar ir para dejar entrar.

Fluye con los cambios para fluir contigo.

Tu libertad comienza
cuando vuelves a tu centro
y recuperas tu poder.

# Recupera tu poder

Amarte es aprender a poner límites al poder de los demás sobre ti.

En un momento de tu vida, apenas sin darte cuenta, regalaste tu poder a alguien. Alguien que tiene más peso en tu vida que tú misma, cuyas decisiones y opiniones importan más que las tuyas, y cuya validación es necesaria para que te sientas bien.

*Mientras tu poder siga fuera de ti, no eres libre.*

Tu libertad comienza cuando vuelves a tu centro y recuperas tu poder.

Aprender a poner sanos límites a los demás es una forma de autoamor, de cuidarte, de proteger tu espacio, de cuidar tu energía y de respetarte a ti misma. Todo es lo mismo. Porque cuando no sabes darte tu lugar, nadie lo hace. Cuando te olvidas de ti misma, parece que los demás también. Cuando no sabes mirarte bonito, parece que pocos ojos lo saben hacer. No es coincidencia; *el mundo te devuelve la mirada con la que te miras tú.*

Aprender a darte valor, a darte tu lugar, tu espacio, tu sitio, es algo que se aprende. Primero con lo que vemos en nuestras personas de referencia, después con la experiencia personal, y por ultimo y más importante, con una decisión. La decisión de decir «basta», «hasta aquí» o «yo también importo». No es egoísmo, es amor.

Te han educado respetando a los demás, a veces tanto que has olvidado incluirte en ese aprendizaje. Te olvidas de ti para priorizar a los demás.

*Si tienes que perder personas porque decidas poner sanos límites, o decir que no, enhorabuena;*
*porque tú no pierdes nada, te ganas a ti.*

Quizá es más sano vivir con menos personas cerca pero que saben respetarte como te respetas tú y te quieren y te aceptan como eres, que con muchas personas que se quedan a tu lado porque eres lo que ellos necesitan. La vida es equilibrio, y el autoamor también. Equilibrar darte a los demás dándote a ti misma; amar a otros amándote a ti misma; cuidar a los demás cuidándote a ti misma. Amar y relacionarte desde tu centro es la forma más sana de amor que existe. Amar amándote.

Poner sanos límites también es elegir hasta dónde puede alguien tener poder sobre ti. Porque entre lo que pasa, lo que (te) dicen, o lo que (te) hacen, y lo que tú sientes, siempre hay un espacio de libertad donde puedes elegir cómo vivirlo, cómo sentirte o cuánto permites que te afecte. Una cosa es lo que pasa y otra cómo lo vives. Justo en ese espacio intermedio está tu poder, y el poder que le das a alguien sobre ti. Porque siempre estás eligiendo a quién se lo das y cuándo lo recuperas.

Hay una forma clave con la que le das a alguien o algo poder sobre ti: con la atención y la importancia. Si le das mucha atención, le estás dando mucho poder. Cuando quieras que algo te afecte o te controle menos, retírale la atención, y también le estarás quitando el poder que tiene sobre ti. Aprende a poner límites a lo que dejas que te afecte, al poder que les das a las personas sobre ti, y entonces serás libre.

Elige vivir desde tu autenticidad, siendo coherente contigo, para poder serlo con los demás también. Cuando no te permites hacerlo es porque temes perder algo, quizá algo que crees/sientes que te dan los demás que no sabes darte tú.

Recuerda mantenerte en tu centro. Solo ahí estarás en equilibrio. Y respeta tu voz, tu espacio, y cuida tu mirada a ti, porque de la forma en la que te mires tú, aprenderán a mirarte los demás.

Aprender a recibir
es aprender a amar(te)
y dejarte amar.

♥

# Aprendiendo a recibir

Hoy ha llegado a mí un mensaje que me ha hecho pensar mucho. A una amiga, alguien le ha dicho: «El amor llegará a ti cuando aprendas a recibirlo».

Y me he quedado pensando en cuánto soy de recibir y cuánto de dar.

Y claro, aparece el autoamor, la autoestima, el merecimiento y todo el círculo vicioso de elementos que nos lleva a aprender a recibir *mereciendo*, desde el amor y con amor; algo que nos cuesta mucho.

Una de las leyes espirituales universales es la *ley del dar y recibir*. Si imaginamos que forman un círculo en continuo movimiento, en el momento en el que no sabes recibir (te cierras a recibir o rechazas lo que te dan), y solo das, tú misma estás rompiendo el círculo de energía universal que se produce de forma natural, relacionado con la abundancia natural que forma parte de nuestra vida. Por falta de merecimiento, porque no te sientes merecedora de lo que te están dando, ya sea amor, cuidado, atención, un regalo, o un simple «gracias». A veces, ante una situación tan sencilla como que alguien te diga «qué guapa estás», contestamos «tu también», eludiendo recibir el regalo de esas palabras con un «gracias». Cuando contestamos, devolvemos, en lugar de agradecer, quedándote lo que te han regalado. Sin darte cuenta, estás rompiendo el círculo de abundancia, rechazando lo que te dan. Como siempre, el reto está en el equilibrio. En saber dar y saber recibir, siendo parte de esa energía que se transmite a través de ti, de tus emociones, de tus pensamientos y de tus actos.

Sentirte feliz cuando das
y sentirte feliz cuando recibes.

A veces necesitamos una experiencia de fuerza mayor para aprender a recibir. Una situación complicada, en la que por alguna razón física te veas inmovilizado, con más dependencia de los demás, se convierte en uno de los mayores aprendizajes. Y cuando tienes que aprender algo, la vida te lo da. Siempre he sido bastante autónoma para todo, independiente y, a veces, impetuosa. A una semana de dar a luz a mi hija, intenté mover un mueble y de pronto no podía caminar. Di a luz con muletas, y al nacer mi hija no podía cogerla en brazos y moverla, mecerla o pasear con ella en brazos; solo estar sentada. De pronto necesité la ayuda de todo el mundo para estar bien, cuidarme, asearme, moverme, cuidarme yo y cuidar a mi hija recién nacida. Todo un aprendizaje de vida que me hizo ordenar lo que estaba desordenado. Me vi impedida, imposibilitada, inmóvil, impotente, y de pronto lo comprendí: *era la vida enseñándome cómo era yo cuando sabía recibir*. Me sentía más agradecida, menos impetuosa, más cercana y dulce, más colaboradora, menos fuerte, más vulnerable. Perdí en autonomía pero gané en amor, en mis relaciones, en valorar la ayuda y la atención que las personas que me cuidaron, me dieron. (Gracias a mi madre y mi tía por estar en ese momento tan especial). Estaba aprendiendo a recibir.

Aprender a recibir también es un acto de amor.
De amor a ti.

Abrirte a recibir es abrirte al amor, porque cuando te permites recibir amor, atención, cuidado, te estás diciendo «me quiero» a través del otro. Te abres a algo bonito para ti, te permites sentirte cuidada, amada y valorada.

Aprender a recibir también es un acto de amor al otro, porque cuando te dejas cuidar o amar, le permites expresarte lo que tiene para ti, lo que quiere darte, lo que siente por y para ti.

Aprender a recibir es aprender a amar
y dejarse amar.

Para saber lo que verdaderamente
es amor,
mira cómo eres tú
cuando amas.

## Amar es cuidar

Para saber lo que verdaderamente es amor, mira cómo eres tú cuando amas.

Probablemente eres generosa, te entregas, das amor, hablas con amor y cuidas a la persona que amas. Quizá te cueste recibir lo mismo, o no sabes, o no te lo dan como tú lo das; o quizá sí. Quizá has tenido relaciones equilibradas, en las que te han cuidado y te han dado amor en la medida en la que lo has hecho tú.

Pero ¿y tu relación contigo?

*Si amar es cuidar, amarte es cuidarte.*

¿Cuánto miras por ti cada día? ¿Cómo te hablas? ¿Cuánto te aceptas? ¿Cómo te cuidas? ¿Te das lo que necesitas? ¿Cómo proteges tu energía? ¿Cuánto te alejas de lo que te hace daño? Hay mucho que puedes hacer por ti.

Quizá no estás haciendo suficiente.

*Cuidarte es acercarte a lo que te hace bien y alejarte de lo que te hace daño.*

Más allá de cómo te cuiden los demás, lo importante es, sobre todo, cómo te cuidas tú. Respetar lo que sientes, hacer caso a tus sensaciones, a tu intuición, a tu cuerpo, y darte lo que necesitas en cada momento en la medida que puedas.

Cuida lo que escuchas, con quién te relacionas, lo que permites que te digan, lo que te dices tú. Cuida lo que crees, lo que eliges pensar, lo que permites que te afecte. Hay una cosa cierta: la persona que peor te lo hace pasar en tu vida eres tú misma. Bájale el volumen a tu crítica interior y sube el volumen del permiso a equivocarte, a probar, a jugar, a vivir sin expectativas, a sentir, a simplemente ser.

Todas las personas tenemos partes que preferimos no ver, no mirar o no tener. En el fondo sentimos que no somos dignas de amor, por una razón u otra.

Mucho de ese dolor viene de la culpa y de la falta de perdón (a ti misma). Y la consecuencia es que te castigas retirándote el amor. Y cuando tú no te permites el amor, tampoco permites que otros te amen. La vida es un reflejo de cómo te tratas tú. El comienzo para cambiar eso es muy sencillo: perdónate tú y permítete el amor.

*Cuando te permites amarte incondicionalmente,*
*incluyendo lo que antes no amabas de ti,*
*también estarás permitiendo que el mundo te ame.*

Amar también es cuidarte por dentro, lo que te dices, cómo te hablas, lo que permites que habite en tu interior. Porque una cosa es estar de paso y otra quedarse. Por tu interior pueden pasar todos los pensamientos y emociones, vienen a visitarte para recordarte que están ahí, que sientes, que tienes miedos, dudas y sueños. Pero a algunos de ellos les tienes que abrir la puerta para dejarlos ir; y a otros, pedirles que se queden. Amarte es cuidar que los pensamientos que habitan en tu mente sean creadores de confianza, de poder y de acción.

Amarte es asegurarte de que tu corazón está en cada una de tus decisiones, que tu ser está en equilibrio y tú en tu centro, aunque te desequilibres cada día.
Saber volver a ti.

Cuidarte es proteger tu paz interna, cuidar tus palabras, tu mente, tu cuerpo, cuidarte a ti. Y eso lo consigues dándote espacio y tiempo. Cuidarte es amarte.

Antes de un *te amo*,
tiene que haber un
*me amo.*

♥

# Mereces que te quieran. Mereces que te quieras.

Una de las cosas que más me ha costado en mi vida ha sido permitir que alguien me ame de verdad.

Suena extraño, porque en el fondo parece que es lo que todos queremos, necesitamos y buscamos. Pero siempre tenía un patrón de respuesta: huir.

Cuando alguien quería quererme, de forma no consciente, buscaba todas las vías posibles para salir corriendo. O tener relaciones en las que desde el inicio la complicación era el eje central. Sin duda me lo ponía muy difícil.

¿Qué había detrás de esto? No sentirme merecedora de ser amada.

Es doloroso verlo así, pero sanador. Cuando estás cerrando las puertas a todo lo bueno que entra en tu vida, te estás privando de vivirlo, de ser feliz, de que te amen, de vivir la experiencia que tu corazón anhela, pero que tú no permites. Detrás de eso hay falta de amor propio, creencias limitantes como «no merezco amor de verdad», o «no estoy hecha para eso», incluso baja valoración de ti misma.

Y de pronto abres los ojos y despiertas a esa forma de tratarte a ti misma, entendiendo por qué antes no salió bien. ¿Qué hay detrás de esta forma de huir del amor? El amor tiene un extremo o polaridad que a veces lo explica todo: el miedo. Miedo a sufrir, a que no salga bien, a que te dejen, a que te hieran; eso tiene sentido. Pero hay más; miedo a que salga bien, a que funcione, a que te quieran, a que alguien te ame como no sabes amarte tú. De esto apenas se habla, pero también está ahí.

Por miedo al amor, no amamos.

Y cuando lo hacemos, lo hacemos mal. Amar con miedo, con posesión, con dependencia, con límites.

*Porque antes de un te amo, tiene que haber un me amo, y mientras eso no esté en orden, está abocado al fracaso.*

Cuando aprendí a llenarme de amor por mí y sentirme merecedora de todo lo que la vida tenía para mí, apareció en mi vida una persona que me entregó su amor, me aceptó como era y me amó incondicionalmente así.

Nada es casual; todo tiene un orden, y siempre es de dentro hacia fuera, de ti hacia los demás. Todo cambio empieza en tu forma de sentir(te), mirar(te), y desde ahí lo proyectas al mundo.

Quizá todo es más fácil; desde que venimos al mundo, ya somos amor.

No hay que forzar nada para que te quieran, para que te quieras, porque ya eres amor. Solo necesitas aprender a mirarte tú primero, y mirar desde ese amor al mundo después.

Pero aprendemos antes a rechazarnos que a amarnos, a rechazarnos cuando no encajamos en el traje que los demás han elegido para nosotros. Ahí empiezas a perderte, cuando intentas no ser tú para que te quieran. Y olvidas que mereces que te amen sin condición, como eres, con tus luces y tus sombras, tu brillo y tus cicatrices, y nunca te conformes con menos de eso. Mereces amarte sin condición. Tú. A ti. Aceptando tus luces y tus sombras, tu brillo y tus cicatrices; y nunca te conformes con menos de eso.

*Cambia tu mirada a ti, de la exigencia al amor, del juicio al perdón, y abrázate con todos tus miedos.*

Vive tu libertad soltando
todo lo que no eres tú.

♥

# Suelta la culpa

Un día descubrí que la culpa me inundaba cuando hacía algo para mí. Me sentía mal por dedicarme tiempo, espacio, momentos. «Debería estar trabajando». «Tendría que estar con mi hija». «Este tiempo lo podría dedicar a mi casa». Y muchos mensajes de mi mente que nublaban el momento, el placer y el disfrute, y en cada pensamiento más me alejaba de mí. Hoy te invito a incorporar tres claves para amarte más:

Poner luz, comprender y amar.

Eso hice conmigo, y descubrí de donde venía, qué patrones familiares había integrado, el peso de la culpa en mi educación como mujer, cómo era yo en cada parte de mis ciclos, y todo eso que nunca había visto y que pude reconocer en mí. Se me cayó la venda. Y ahí estaba, sintiendo culpa por vivir.

Y cuando la comprendí, la amé.

Quizá has vivido mucho tiempo sosteniendo un peso que no era tuyo. A veces es tan real que lo puedes sentir. Te pesa la espalda, te duelen los hombros, lo sientes en el corazón. Se llama *culpa*.

A veces le ponemos otros nombres: *responsabilidad, debería, tendría que*, y muchas palabras con fondos prestados, aprendidos, que son más de lo que vemos y escuchamos que de lo que en realidad somos. Pero ahí están.

Hablándote, cuando haces algo *que no deberías.*

Pensando por ti, cuando sientes algo *que no tendrías que.*

Bloqueando tus manos y cuestionando tu corazón, cuando haces algo que sientes pero crees que no tendrías que sentir. No. No deberías. No puedes. Pero es.

La culpa no existe; es una máscara del ego.

*El corazón no entiende de culpa, solo de amor.*

Todo lo que no te hayas perdonado volverá a ti una y otra vez. La culpa es una oportunidad para volver a mirar eso que no está resuelto, observarlo con otros ojos, reevaluarlo, reencuadrarlo y resolverlo.

*Suelta la culpa para ver tu corazón.*

Esa culpa es un peso prestado, una verdad aprendida, palabras no cuestionadas, memorias grabadas, pero nada de eso es tuyo.

La culpa te aleja de ti. De lo que de verdad sientes, de lo que de verdad quieres decir, de lo que de verdad quieres hacer. Y pesa.

Cuando eliges quedarte en la culpa te rechazas a ti misma, a lo que sientes, a lo que eres. La culpa representa un rechazo a tu esencia, imponiendo las ideas del ego. El ego es una máscara que te has inventado para sobrevivir en la sociedad, que en momentos te ha ayudado a adaptarte, a sobrevivir, a encajar. Pero ahora, cuando pesa tanto, la puedes soltar. Primero le das la bienvenida, porque sabías que iba a llegar. Dale las gracias por lo que ha venido a decirte. Pero esta ya no es su casa. Ya no tiene espacio en ti, porque hay mucho que quieres hacer, crear, ser.

Déjala entrar, pero no dejes que se quede; déjala marchar. Donde hay amor hay permiso, aceptación y respeto. Donde hay amor hay perdón, comprensión y compasión. Donde hay amor, ya no hay sitio para la culpa.

La culpa viene a recordarte que eres libre, que a cada segundo estás eligiendo qué quieres ser, cómo quieres vivir, qué quieres sentir. Suelta la culpa para sentirte libre. Recuerda que la culpa no existe; la responsabilidad sí.

*Me libero de mis creencias pasadas,*
*esas que ya no me sirven*
*para mi camino*

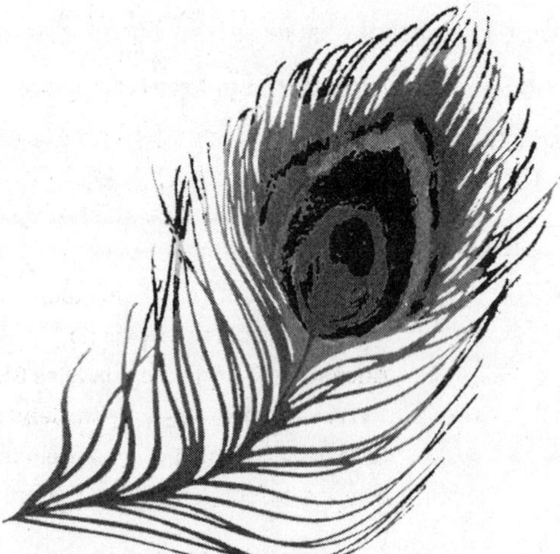

«Hola, culpa,
¿Qué has venido a decirme esta vez?
Quizá no lo he hecho como tú querías,
o no he llegado donde tú esperabas,
o nada en mí es como tú imaginabas.
Y ahora llegas,
silenciosa, intensa y cruel,
a inundar con fuerza cada poro de mi piel
sembrando bloqueo donde antes había ilusión,
cambiando presente por pasado
y pasado por futuro pesado,
oscuro y lleno de sombras.
Y me dejas sin aire,
una vez más;
tu peso no me deja respirar.
Me aprietas los miedos,
me ahogas la ilusión.
Pero hoy te digo «hola, culpa»,
te miro de frente, y te pregunto:
¿de dónde vienes, y a dónde vas?
Vienes de un pasado que ya no tiene lugar.
De unas creencias que ya no están.
De un camino por el que ya no quiero caminar.
Ya no tienes espacio.
Ahora solo quiero que me dejes SER.
Vivir sin sentirlo; vivir sintiendo.
Te doy la bienvenida y te dejo ir.
Hoy he descubierto que soy infinita
sin ti.

Confiar en ti
es conectarte con tu luz
y rendirte a ella.

♥

# Confía en ti

Confiar en ti parece una exigencia social y personal, pero se hace complicado cuando no te conoces. Confiar en algo que no conoces no es posible.

A veces dices «yo confío en mí», pero detrás de esa frase hay vacío. Porque si tú confías en ti, puedes sentir que eres capaz de todo. Creer en tus infinitas posibilidades. Confiar en que puedes aunque no lo hayas intentado. Creer es confiar, y confiar es sentir. Confiar va más de sentir dentro de ti que estás ahí, que puedes, que sabes, que tienes las herramientas y los recursos en tu interior para afrontar lo que venga, para aprender, para gestionar, para dar respuesta a lo que pase. *Sentir que puedes* te hace poderosa ante lo que pase en tu vida.

*La confianza es como la fe, hay que creer sin ver.*

Confías en ti cuando no necesitas probarlo para saber que puedes. Cuando no necesitas verlo para saber que está.

Ese amor ciego pero lleno de certezas te llevará hasta el mayor de tus sueños, si de verdad confías en ti.

*Confiar en ti es sentir con cada parte de tu cuerpo que estás preparada, que lo tienes todo, que todo es posible.*

Que no hay casi nada que no puedas conseguir si te lo propones y recorres el camino hasta conseguirlo. Confiar en ti es vivir llena de certezas, cuestionar sin miedo y descubrir en ti una fortaleza infinita que nunca dejará que te derrumbes. Puedes caerte, puedes moverte, puedes cambiar. Pero nunca te derrumbas del todo, porque dentro de ti sientes que hay luz.

*Confiar en ti es conectarte con tu luz y rendirte a ella.*

Para aprender a confiar en ti, puedes empezar por el principio: descubre todo lo que eres, lo que eras y lo que puedes llegar a ser. También lo que aún no está, no tienes o necesitas desarrollar. La confianza es una mirada potenciadora de tu energía interior, impulsándote a través de tus fortalezas y recursos a conseguir lo que sientes, lo que quieres, para ser (todo) lo que eres. Infinita.

Para conectarte con el poder de confiar en ti, te ayudará recordar todas esas veces en las que creías que no, y lo hiciste; en las que parecía que no, y lo conseguiste. Tus logros, tus propios ejemplos de superación. Esa fuerza interna, tus capacidades, tus fortalezas, tu esencia, te guían hasta conseguirlo. Una y otra vez.

Pero lo olvidas pronto; atiendes más a tus fallos y errores, a lo que no consigues, a lo que te falta por conseguir, que a ese camino de logros y superación en cada paso que es tu vida. Esos momentos en los que superas algo, consigues lo deseado, o el esfuerzo de un sueño hecho camino es premiado con un resultado positivo, son momentos perfectos para llenar la mochila de tu confianza, con hechos, esperanzas y resultados que te aporten seguridad y confianza para afrontar todo lo que esté por llegar.

Sin confianza no hay evolución, no hay crecimiento.

Porque necesitas confiar en ti para apostar por ti, darte la oportunidad que mereces y vivir la vida que quieres.

*Y quedarte siempre contigo, creyendo en tu luz.*

Confiando en ti, con la certeza de manifestar lo que sientes, lo que eres, lo que quieres, aunque ahora no puedas verlo.

*Confio en mi,*
*creo en mi,*
*sé que puedo.*
*Confio*
*en lo que quiero*
*y me abro*
*a recibirlo.*

Con el tiempo aprendes
que todo lo que es para ti
busca la forma para hacerlo.
Saltando muros.
Venciendo obstáculos,
Atravesando espacios,
lugares y tiempo,
aquí o allí,
no importa cómo.
Por eso confía.
No te apresures.
No fuerces.
Lo que es para ti
siempre buscará la forma
de encontrarte.
En el momento justo.
En el lugar perfecto.
Tal y como tiene que ser,
para que tú seas quien eres
y vivas lo que tienes que vivir.
Disfruta el camino.
Habita el tiempo.
Vive la espera.

Una pequeña decisión puede significar
el comienzo de un gran camino;
el camino de respeto a ti.

♥

# Respétate también a ti

*Yo te respeto.* Esta frase me la ha regalado una persona muy importante en mi vida, y me ha conectado con el *yo me respeto.* Cuando me lo ha dicho, me he sentido reconfortada, acompañada, como si me cogieran de la mano y me dijeran «estoy contigo».

Muchas veces has hecho algo que no querías. A veces por los demás, por priorizar lo que ellos querían, por no saber escuchar lo que querías, sentías o necesitabas, y otras por no saber decir que no. Todo ello tiene detrás un factor común: la falta de autorrespeto.

- Cuando priorizas el bienestar de otro al tuyo.
- Cuando atiendes más a la necesidad de otro que a lo que necesitas tú.
- Cuando no comunicas lo que necesitas o quieres.
- Cuando haces lo que no quieres.

Cuando te respetas, puedes sentir qué necesitas y simplemente te lo das. A veces es silencio, a veces estar sola, y otras veces rodearte de alguien que te da luz, calma, ánimo o lo que necesites en ese momento.

Respetarte es darte importancia, prestarte atención, escucharte, sentirte, y después darte eso que necesitas. Y saber pedirlo. Y sentirte bien dándotelo.

Primero hacia ti misma: «siento que necesito estar sola», y después hacia los demás: «si no te importa, necesito estar sola».

Y no pasa nada.

Y de esta manera comienzas a respetarte.

*Y a la vez, en ese camino de autorrespeto, enseñas a los demás a que te respeten a ti.*

Porque nadie te da nada que no sepas darte tú.

Ni amor, ni atención, ni espacio, ni cuidado, ni respeto.

Porque el autoamor es un camino de ida y vuelta, en el que el punto de partida eres tú y el destino también. Porque todo lo que das vuelve. Lo que te das, enseña a otros lo que aceptas. Y lo que no te das, también.

Eres un ser holístico. Pensamientos, sentimientos, emociones, y energía. Respetarte es aprender a integrarlo todo, y ser desde ahí. A veces eres capaz de sentir la energía negativa de alguien, de algún lugar, o la energía que una situación está moviendo en ti. El respeto a ti misma también es cuando te permites sentir la energía, cuando te alineas con lo que sientes en tu cuerpo (energía, intuición) y actúas en consecuencia. Si la energía de una persona te produce rechazo, o te inquieta, respeta lo que estás sintiendo; quizá tiene algo que decirte. Y así con todo.

Respetarte también es ser coherente contigo. Lo que sentías, querías y necesitabas ayer no tiene por qué ser lo mismo que sientes, quieres y necesitas hoy. Acepta cambiar, reorientar, volver a empezar. Cada paso que te acerque a ti, a lo que necesitas, sientes y eres, es una acción de autorrespeto y autoamor. Toma una decisión. Di *No* a algo que ya no quieras. Deja de hacer algo que ya no vibre contigo. Pide a tu entorno algo que ahora necesites. Una pequeña decisión puede significar el comienzo de un gran camino.

El precioso camino de respeto a ti

El amor solo tiene una cara.
Se llama amor incondicional.

♥

# Quiérete cuando menos te quieras

Qué fácil es quererte cuando todo va bien. Cuando te quieren. Cuando te quieres. Pero ¿y cuando las cosas se ponen complicadas? ¿Y cuando alguien que quieres se aleja de ti? ¿Cómo te tratas? ¿Cómo te hablas? ¿Cómo te cuidas?

Cuando sentimos que la vida sopla en contra, también lo hacemos nosotras, soplamos en contra de la vida, y de nosotras mismas.

Qué fácil te resulta soltarte de la mano. Olvidarte de ti misma. Dejarte a un lado. Dejar de confiar en ti. Qué rápido te salen los juicios, los pensamientos críticos, cuando algo no resulta como habías imaginado. En ese juego no es la vida contra ti; eres tú contra ti misma. Y entonces te retiras el amor y el cuidado a ti misma, y esta es también una forma de autodestrucción, de autoboicot, de automaltrato, porque dejas de cuidarte y quererte. Y sí, probablemente este episodio se haya repetido muchas veces en tu vida.

Porque no te han enseñado a amarte.

Mucho menos a amarte bien.

Y menos aún cuando no estás bien, cuando no lo haces bien o cuando parece que nada está bien.

*Pues ahí, precisamente cuando peor esté tu vida, es cuando más te necesitas.*

Hay un truco infalible para saber cómo hacerlo bien contigo: ¿cómo tratarías a alguien que lo está pasando mal? Posiblemente con atención, cuidado, respeto, amor. Abrazándola cuando está triste, respetando sus tiempos, dándole lo que necesita.

Pues esa persona ahora eres tú.

Autoamor no es quererte cuando sientes que lo mereces, que lo has hecho bien, o cuando te sientas orgullosa de ti. No es solo eso. Es también el reto de amarte y cuidarte incluso cuando sientas que no. Que no lo mereces, que no lo has conseguido, o cuando te decepcionas a ti misma. Saber amarte cuando te decepcionas, cuando no llegas a lo que esperabas, cuando tu mundo exterior se derrumba. El amor se demuestra amando en el error, en la decepción, en el miedo.

*El amor solo tiene una cara; se llama amor incondicional.*

Todo lo demás son malas copias que a la larga fracasan, se rompen, se desvanecen, porque se quedan sin base estable, sin cimientos, porque les falta lo más importante: que sea incondicional.

Y entonces ocurre la magia; cuando logras amarte incondicionalmente, acompañarte en el camino, abrazarte en el dolor, levantarte de las caídas, aceptarte en tus miedos, impulsarte hacia tus sueños, ese día el mundo también te ama incondicionalmente. La energía se alinea. De dentro hacia fuera.

*El día que aprendes a amarte tú, enseñas al mundo cómo amarte.*

Para ser tu amor incondicional, compréndete más y júzgate menos. Tienes que buscar dentro de ti ese apoyo incondicional para amarte pase lo que pase, para sentirte fuerte y demostrarte que puedes salir de todo y volver a empezar, una y otra vez.

Tus miedos se hacen pequeños
cuando aprendes a amarte.

♥

# Apuesta por ti

Cuando no te amas, tampoco eres capaz de ver tu valor. De reconocer en ti los talentos que te han sido dados, el propósito que tienes en tu vida, las cualidades y fortalezas que te hacen ser única. Y si no lo reconoces en ti, no puedes darlo al mundo.

Amarte es darte la oportunidad de brillar. De caminar en la dirección de tus sueños. De compartir tu música. De preguntarte qué quieres, y de ir a por ello. De elegir elegirte, a pesar y además de los miedos. Amarte es apostar por ti.

¿Sientes que te estás dando la oportunidad que mereces?

Hay personas que no se permiten brillar por miedo a que les rechacen. Rechazan una parte de sí mismos, para gustar más a los demás. Probablemente en tu vida alguna vez haya existido algún capítulo parecido. El camino es aprender a darte valor, apostar por ti, priorizarte, darte tu lugar, compartirte con el mundo.

*Autoamor es elegirte, apostar por ti,*
*y darte la oportunidad de brillar.*

Te estás eligiendo cuando eliges mirarte bonito, creer en ti, confiar en lo que ves, y en lo que no ves.

Te estás eligiendo cuando eliges mirar tus fortalezas, apoyarte en ellas y dejar de mirar lo que no tienes, lo que te falta, lo que no haces bien. Aunque siga ahí.

Te estás eligiendo cuando eliges soñar en grande, creer en tus sueños, y comienzas a caminar para hacerlos realidad en cada uno de tus pasos.

Te estás eligiendo cuando eliges brillar sin miedo al qué dirán, cuando bajas el volumen de la crítica y subes el volumen de tu confianza, de tu seguridad, de tu amor.

Te estás eligiendo cada vez que eliges elegirte, darte espacio, apostar por ti, permitirte ser.

Te estás eligiendo cuando, a pesar del miedo, sigues tus sueños.

Elegirte es la mayor prueba de que crees en ti, de que quieres algo y de que crees en lo que quieres.

Creer, querer y apostar todo a eso que quieres. Todo a una. Todo a ti.

Sin dudas.

Sin miedos.

Aunque estén.

Porque también eliges a qué mirar, dónde pones tu atención, tu energía, tu fuerza. Y ese lugar debes ser tú y todo lo que has venido a hacer y a ser.

Elegirte es restar atención a lo que te resta fuerza y ponerla en lo que te la da. En lo que sí tienes. En lo que sí haces bien.

Y también mirar atrás. Porque las veces en las que has elegido elegirte, funcionó. Recordar las veces en las que pudiste hacerlo, lo conseguiste, lo superaste. Gracias a eso, ahora sabes cómo hacerlo. Creyendo que puedes. Sintiendo que puedes. Y haciéndolo.

*Elegirte es creer en ti, apostar por ti y poner en valor tu grandeza compartiéndote con el mundo.*

En los límites que pones a los demás
está la libertad de ser tú.
♥

# En los límites está tu libertad

Muchas veces intentas complacer a los demás, priorizando sus necesidades a las tuyas, y en el camino te olvidas de ti misma. Detrás de la pasividad o de no saber poner límites a los demás, siempre está el miedo.

La palabra *asertividad* implica ser consciente de tus necesidades y saber defender lo que sientes y piensas con respeto a los demás. Constantemente se confunde con empatía, con imponerte al otro o con ser extremadamente sincera. Pero la asertividad va más de tener la capacidad de decir al otro lo que sientes y piensas en cada momento, sin miedo y con respeto a sus sentimientos, y a la vez respetando los tuyos. Es decir, respeto al otro desde el respeto a ti misma y a tu necesidad. Difícil ecuación; para ser verdaderamente asertiva se necesita mucho entrenamiento y equilibrio. Saber poner sanos límites a los demás para respetarte más a ti misma.

Porque en esos límites que aprendes a poner a los demás, está tu libertad.

A veces crees que las personas que te rodean *deben saber* hasta dónde llegar contigo, lo que sí pueden decirte y lo que no.

Pero no siempre es así; a veces tienes que *reeducar* a tu entorno en cómo relacionarse contigo. Y cuando tú cambias, todo cambia. También las relaciones.

Porque en los límites que enseñas a los demás contigo, también les estás enseñando cómo tratarte, cómo valorarte y cuánto respetarte.

Puedes elegir ser una persona que no sabe poner límites a los demás (pasiva) por miedo a que ya no te quieran, o a que te dejen. Con esta conducta, le estás diciendo al otro que todo lo puede, que no hay frontera, que vas a aceptar todo lo que venga de esa relación. La conducta del otro con alta probabilidad será invasiva, con falta de respeto, y a veces pidiéndote cosas que a otras personas no pediría. O puedes elegir ser una persona que aprende a poner límites a los demás de forma asertiva, mostrando a los demás cómo quieres que te respeten, hasta donde estás dispuesta a dar y tolerar, cómo quieres ser valorada, y desde ahí crear relaciones sanas y constructivas que no te hagan sentir mal constantemente.

*En tus límites hacia los demás está la libertad de ser tú.*

Y detrás de los *no límites* siempre está el miedo. ¿Cuál es el tuyo?

Miedo a que si dices no, te dejen de llamar. O de querer, o de tener en cuenta.

Miedo a que si pones límites, van a preferir a otra persona.

Miedo al rechazo, al abandono, a que no te elijan, a que no te quieran.

Estos miedos se hacen pequeños
cuando aprendes a amarte tú.

Porque no necesitas tanto que te acepten que te aprueben, que te quieran. No necesitas esa validación externa, porque ya sabes dártela tu. Y cuando te la das tú, tienes menos miedo a que no te la den fuera, por eso das un paso adelante y muestras lo que piensas, lo que sientes, lo que quieres, respetándote a ti, y desde ahí, respetando a los demás, estableciendo límites en vuestra relación, y siendo cada día más consciente de lo que quieres y mereces.

Creer en ti no cambia
lo que pasa,
cambia tu poder para vivir lo que pasa.
♥

## Mírate desde lo que puedes ser

Has crecido escuchando ideas sobre lo que eres y lo que debes ser. Lista, lenta, inadecuada, sensible, impulsiva, dependiente. Etiquetas, solo son etiquetas. Esas palabras se han quedado en ti, tatuadas en algún lugar de tu mente, de tu corazón; han formado lo que llamamos autoestima, pero ya no es válido para ti. Eres otra. Has cambiado. Ese traje que te hicieron se te quedó pequeño.

*Tu autoestima es solo una opinión.*

Es la percepción, la idea, la imagen, la opinión que tienes de ti misma. Se va adquiriendo desde una edad temprana y ya se queda en ti hasta que la miras de frente, le pones luz, la cuestionas, le das las gracias por todo lo que te ha ayudado hasta aquí, y la dejas evolucionar y crecer como has crecido tú. Porque tú has crecido, has aprendido, has soltado miedos, has evolucionado, y tu autoestima quizá te siga haciendo sentir pequeña e inadecuada. Y vas creando una autoestima sana, más adecuada a lo que eres, con *menos deberías y más amor*.

Porque hay dos formas de mirarte a ti misma, con un mundo diferente en cada una: cuando te miras desde lo que crees que debes ser y cuando te miras desde lo que puedes llegar a ser. Una mirada se convierte en la llave de una puerta que abre un mar infinito de posibilidades.

Recuerda que tu autoestima es solo una opinión. Un juicio que haces de ti misma. Una idea que te has hecho de ti según lo que te han dicho que eres y no eres. Una historia que te has contado de ti misma y que no has vuelto a revisar. Una respuesta de tu mente a tu vida, porque tu corazón no entiende de juicios ni límites, solo entiende de amor.

*Porque la autoestima solo se cura con autoamor.*

Nunca nos han enseñado a navegar en la inmensidad que somos. Como un libro de instrucciones, una hoja de ruta, un mapa. Hubiese sido todo más fácil, pero menos divertido. Nacer sabiendo quién eres, cómo ser perfecta y cómo desplegar todo el potencial, desde que naces, te hubiese privado del regalo que es conocerte a ti misma cada día.

*El secreto está en tu mirada.*
*Cada vez que hagas algo, cree en ti.*

Cree que tienes la capacidad. Cree que tienes los recursos. Cree que todo va a salir bien. Cambia el lugar desde el que te miras a ti misma mientras lo haces, mientras lo intentas, mientras lo sueñas. Y desde ahí también cambiará el lugar desde el que miras el mundo, los retos y los obstáculos. Puedes aprender que en ti tienes todos los recursos para afrontar cualquier circunstancia que se te presente, como siempre ha sido y como siempre será. Cuando aprendes a creer en ti, lo que cambia no es lo que pasa, sino cómo te ves a ti misma en lo que pasa. La vida siempre nos pone retos, obstáculos y pruebas, el camino nunca es en línea recta. Creer en ti misma te va a ayudar a disfrutar del camino cuando todo sea fácil, bailarle los pasos a la vida y compartir su música, y al mismo tiempo, saber que puedes saltar las piedras cuando las encuentres, sortear obstáculos con todo lo que hay en ti, y, cuando lo necesites, también sabes que puedes desplegar tus alas y volar.

En los momentos difíciles,
el mayor acto de amor que puedes hacer por ti
es estar
contigo.

## Acéptate en todas tus fases. En el miedo y en la incertidumbre

Rechazas todo lo que no te gusta. De ti misma y de los demás. De lo que vives, de lo que sientes, y de la vida en general.

Mírate cuando tienes miedo. Cuando estás triste. Cuando estás enfadada, decepcionada, o te sientes fracasada. Todas las emociones y lo que sientes en ti también es tuyo, aunque estén de paso, aunque no te gusten, aunque sea más cómodo no mirar, hacer como que no están. Esto pasa por dos razones: primero, porque no sabes qué hacer con ellas, y segundo, porque no sabes qué hacer contigo mientras las sientes. Y ante lo que no sabes gestionar, lo más fácil es huir, esconderte y no sentir. Y todo, todo lo que hay en ti, está para algo. Viene de alguna experiencia, y está en ti para crear otra experiencia. Tu ser es completo, con la capacidad de equilibrarse continuamente y de crear luz en medio de la tormenta. Tu papel es ser, y ser implica observar, reconocer, aceptar, integrar, aprender y evolucionar. Y esa línea continua de experiencia solo es posible si aceptas e integras todo lo que hay en ti. Incluso lo que no te gusta. Porque todo existe para algo, cada emoción y sentimiento trae información valiosa para ti, capaz de moverte a la acción, de crear, de cambiar. Siéntelo. Vívelo. Intégralo. Y déjalo ir. No lo rechaces.

*Recuerda que si rechazas una parte de ti,*
*te estás rechazando a ti.*

La incertidumbre es el estado natural de la vida. Cuando no sabes qué pasa ni qué va a pasar, te sientes en un juego sin reglas y descubres que lo único sobre lo que tienes control es sobre ti misma. La incertidumbre no se entiende con la mente, se vive con el corazón. Conéctate contigo para vivir las situaciones inciertas, los juegos sin reglas, las películas sin guion, porque la única forma de vivir la incertidumbre es confiando en ti, y confiar es el lenguaje del corazón. Y muchas veces sentirás miedo. El miedo es el estado natural del ego, y llega cuando tu intento de controlar no funciona. Cuando sientas miedo, confía en ti; será tu camino para llegar de la mente al corazón.

El mayor acto de amor que puedes hacer por ti es estar contigo. Acompañarte en lo que sientes. Aceptar lo que estás sintiendo. Abrirte a vivir la experiencia de lo que está pasando. No rechazar. No resistir. Solo vivirlo.

*«Me acepto en mi miedo. Me acepto en mi "no saber", me acepto en mi "no controlar lo que pasa", y lejos de resistirme a lo que es, fluyo con ello».*

Esto es autoamor: sentir qué necesitas, qué sientes, qué necesitas darte, y hacerlo. Respetarte y cuidarte sin soltarte de la mano. En los momentos de incertidumbre y miedo, cuando no sabes qué está pasando, qué va a pasar; ahí es cuando más te mereces estar contigo, acompañarte, seguir creyendo en ti y sentir que en ti viven todos los recursos y opciones que necesitas para volver a empezar una y otra vez, como lo has hecho siempre. Permitirte sentir lo que sientes, vivir lo que estás viviendo y, desde ahí, crear una experiencia que te haga crecer, aprender y transformarte.

Escucharte es crear silencio
para dejar que tu alma hable

♥

# Escúchate

Nunca supe escucharme, entenderme, comprenderme, hasta que descubrí que no me conocía. No me conocía porque nunca me tuve en cuenta, no me daba espacio, no había mirado dentro de mí para saber quien era. ¿Quién era yo? ¿Cuáles eran mis sueños, mis talentos? ¿Qué me hacía feliz? Fue un poco más allá de los treinta cuando, en una de esas crisis vitales que nos transforman, me hice todas esas preguntas y aprendí a escucharme por primera vez. De ahí salieron dos cosas que han cambiado mi vida: una ruptura con la estructura familiar que había construido y mi primer libro, titulado *¿Quién eres tú?*, con todo el sentido de lo que me estaba preguntando en ese momento de mi vida.

Y una conclusión: ojalá hubiéramos aprendido antes que amar es escuchar. Y, de igual manera, amarte es escucharte.

¿Cómo darte lo que necesitas si no lo sabes, si no te escuchas, si no te prestas atención? ¿Cómo escuchar hacia dentro si vives escuchando siempre hacia fuera?

Para escucharte es necesario sentarte contigo, abrirte a tu interior, tener un encuentro con tus emociones, con tu cuerpo, con tu corazón, y crear tu espacio.

*Cuando te escuchas, te encuentras.*

Descubres un nuevo yo, o quizá ese yo que siempre había estado, pero no conocías.

Porque escucharte es conocerte, es descubrirte, es encontrarte contigo.

No conozco otra forma más bonita de amarte que dedicarte tiempo, abrirte a ti, encontrarte contigo en el silencio de tus palabras, las que no (te) dices, pero están contigo, en ti. Todo lo que te dices en silencio también eres tú. Decía Osho que «en el silencio es en lo único que puedes confiar», que «es lo único a lo que puedes llamar tu verdadero ser». Precisamente porque en el silencio te escuchas.

Escucharte es conocerte, es aprender a navegar en el mar de tu silencio, a descubrir uno a uno los tesoros de tu alma, es perderte en los rincones de lo que eres y aún no sabes. Y te descubres, palabra a palabra, silencio a silencio, abrazando cada una de tus emociones con respeto y compasión, esas que antes juzgabas, porque no es lo mismo mirarte desde la superficie, con máscaras, que desnudarte y mirarte desde las profundidades de tu ser.

*Escucharte es crear silencio para dejar que hable tu alma.*

Cuando tu alma habla, el mundo calla.

Todo calla.

Escuchas lo que de verdad importa, tu verdad, tu palabra, tu silencio, y cuando te escuchas a ti, dejas de escuchar fuera para escuchar dentro.

Amarte es escucharte, crear tu espacio, abrazar tu silencio, abrazarte a ti cuando callas, cuando gritas, cuando lloras. Escucharte es el camino para amarte desde el conocimiento profundo de tu alma.

Ama tu silencio. Medita. Mira hacia dentro. Escucha. Siente.

Tu corazón te está hablando siempre.

Solo tienes que acallar tu mente para escuchar a tu alma.

*Silencia el mundo para permitirte ser.*

*Acepto donde estoy,
lo que soy
y lo que siento.
Aprendo a darme
lo que necesito
en cada momento.*

Silencio.
En el silencio comprendes todas tus palabras.
También las que no te has dicho.
Silencia tu vida
para escuchar tu cuerpo.

Qué te dice tu piel;
cuántos años de más tiene.
Lo que no te ha contado.
Todo lo que se ha callado.
Cuánto hay en tu alma que nunca ha querido decirte.
Lo que ha sentido pero no ha sabido expresar,
ni tú has sabido ver.
El lenguaje de tu alma es sentir.
Y el tuyo es vivir.
Vivir sintiendo es el lenguaje perfecto.
En presente continuo
del pasado imperfecto,
mirando al futuro incondicional
del verbo Amar.

Si te cuidas,
si te escuchas,
si te amas,
todo empieza siempre de nuevo.

Cuando te conectas con tu corazón,
te conectas también
con el corazón de los demás.
♥

# Vive desde tu corazón

Si pudiera regalarme algo, sin duda sería poder vivir toda la vida desde mi corazón.

Ahora me siento cerca de eso, pero no siempre ha sido así. De hecho no nos enseñan que la autenticidad viene de ahí, que el amor eres tú cuando vives desde ahí, que cada día es una oportunidad para ser una mejor versión de ti misma, desde ahí.

Puedo decir que mi vida empezó a cambiar cuando aprendí a escuchar a mi corazón.

Se hace difícil, cuando no nos enseñan cómo, y, aunque te hable, no sabes escuchar.

No comprendes su lenguaje, ni sus mensajes, y te mantienes viviendo en la mente, que es lo único que conoces de ti.

De pronto ya no es suficiente. Qué curioso: toda la vida viviendo desde la mente, y ocurre algo en tu vida que te hace conectarte con tu corazón. Lo necesitas. Así lo sientes. Suele ser algo doloroso, y en ese dolor, la mente no es suficiente. Te necesitas a ti, y resulta que allí no puedes encontrarte. Y te encuentras en el sentir, en el dolor, porque el dolor tiene el poder de unirte a la mayor verdad que vive en ti, sin disfraces ni máscaras; solo tú, contigo.

*El corazón es como un jardín lleno de flores;*
*una vez que lo descubres, ya no quieres salir de ahí.*

Cuando comprendes cómo es vivir desde tu corazón, ya no tiene sentido vivir desde tu mente. En ese jardín lleno de flores aprendes a sentir diferente, a mirar diferente, a vivir diferente, y de pronto todo tiene sentido. Te conectas con tu magia, con tu esencia, con tu ser, y, desde ahí, se hace más bonito vivir; y a la vez, sucede la magia de conectarte con la esencia de los demás.

*Cuando te conectas con tu corazón,*
*te conectas también con el corazón*
*de los demás.*

Abrir los ojos a tu corazón es un acto de amor a ti porque:

- te acerca a quien de verdad eres;
- te hace abrirte a tu intuición, la gran olvidada, que te trae una sabiduría infinita para vivir tu vida de una forma conectada y plena;
- te permite vivir sintiendo, escuchar lo que te dice tu corazón y vivir desde ahí;
- te conecta con el lenguaje de tu cuerpo, y puedes aprender a escucharlo;
- te permite ver la vida desde el amor. Desde el amor a ti y a los demás;

- te conecta de verdad con los demás, con su esencia, con su corazón;
- te conecta contigo porque vivir solo desde tu corazón es permitirte ser tú.

Vives desde tu corazón cuando te sientes inspirada, cuando algo te hace sentir plena, te ayuda a expandirte, a elevar tu conciencia y tu vibración. Cuando sientes que fluyes, que estás conectada con algo más grande que tú, con la inmensidad de la vida, con la energía del universo, con tu alma. Vives desde tu corazón cuando te permites escucharte, cuando sientes que algo no te hace bien y te permites irte, cuando afrontas la vida agradeciendo cada instante, incluso los cambios. Porque las personas que viven desde su corazón saben que la vida es un regalo, y amar la vida como es, es amarte a ti. Fluyendo. Confiando. Sintiendo. Valorando. Admirando. Agradeciendo.

*Eres amor. Vivir desde tu corazón es el único camino para volver a ti. Cuando te alejes, recuerda cerrar los ojos y sentir(te). El camino es siempre hacia dentro.*

Quédate contigo.
Cuida de ti como si cuidaras
a quien más quieres.
Ojalá esa persona siempre seas
tú misma.
♥

# Sé amable contigo misma

Compréndete más y júzgate menos.

Tú eres el resultado de tu historia. Una historia de dolor y amor, caídas y vuelos, de heridas y aprendizajes. Y cicatrices; muchas. Cada una con una historia que contar. Eres el resultado de tu historia. Sé amable contigo misma. No cometas el error de juzgar con tus ojos de hoy tu camino. Cada paso lo diste con lo mejor que sabías hacer en ese momento. Desde tu mejor decisión. Desde tu mayor amor.

Aprende a amar tu historia para amarte a ti.

Date a ti misma el amor, el apoyo y la comprensión que darías a alguien que amas.

Quizá en tu vida nadie te enseñó a amarte. A ser amable contigo. A cuidar tu relación contigo. Llevados a extremo, posiblemente nadie te contó que tenías que llevarte bien contigo, apoyarte, comprenderte y cuidarte. Y de pronto, algo pasa en tu vida y te encuentras contigo. Esa persona que siempre estuvo ahí, aunque no la vieras, no lo supieras, y apenas la sintieras. Los demás se fueron cuando todo se puso oscuro ahí fuera; la única persona que siempre se quedó contigo fuiste tú.

Por eso encontrarte, escucharte, cuidarte, amarte, ser amable contigo, es el mejor regalo que puedes hacerte, porque siempre estás tú, aunque el mundo se caiga, aunque todo tiemble; siempre eres tu mayor apoyo, tu mayor pilar. Te lo debes.

¿Estás siendo amable contigo?

Tu vida es un espejo que refleja cómo te tratas a ti misma.

Eso que te sucede te está diciendo algo de ti, la forma en la que otros te tratan quizá refleja la forma en la que, inconscientemente, te tratas a ti misma.

Ser amable contigo es tratarte como te gustaría que te tratara el mundo, cuidarte como te gustaría que te cuidaran y atenderte como tú atenderías a alguien que quieres. Ser amable contigo es reducir el volumen del juez interior, ese que juzga, critica y analiza cada decisión, acción o esfuerzo, y subir el volumen de la ternura, la compasión, el respeto, la empatía, el cuidado, la escucha, el amor.

No hay recetas mágicas, pero sí una receta con un ingrediente mágico: la constancia. La constancia de amarte en cada paso del camino.

- Quédate contigo
- Escúchate
- Date lo que necesitas
- Trátate con cariño
- Compréndete
- Cuídate

Cuando eres amable contigo misma, también te permites soltar el control, relajarte y confiar, y entonces tu vibración cambia, sintiendo desde el amor y la armonía. Todo lo que sientes dentro también se manifiesta fuera de ti, en la vida que puedes crear y en las experiencias y personas que eres capaz de atraer.

Aprende a ser amable contigo, a sentir lo que sientes, a sentirlo sin juzgarte, solo viviendo la experiencia de sentir, y dejarlo ir. Siempre que te quedes contigo, te atiendas y te ames, por mucho ruido que exista fuera, puedes crear tu paz dentro.

*Tú eres tu lugar de paz.*

Amarte también es
incluirte en tus planes.
♥

# Regálate tiempo para ti

Trabajar todo el día. Comer rápido. Llevar y recoger a los niños. La compra. La casa. Reuniones. Preparar las clases. Caer exhausta cuando tu cuerpo ya no puede más. Así un día, y otro, y otro. No saber parar a tiempo, no atender a las señales del cuerpo, a las muestras de cansancio, las ojeras, las señales de alerta que tu cuerpo te grita para decirte: *te estás olvidando de ti.*

Claro que sí, todo es importante.

Pero tú también.

Es importante estar a tiempo en una reunión, pero también estar descansada para saber lo que estás diciendo.

Es importante recoger a los niños del cole, pero también estar bien para tener tiempo de calidad con ellos.

Una tarde estaba sentada en el sofá. Tenía mucho por hacer, cosas en casa, contestar mails, preparar formaciones y, a la vez, estaba escribiendo el libro que tienes en tus manos. Estaba en el sofá sintiendo que quizá no tenía que estar ahí, con cierta incomodidad de saber que estaba posponiendo todo. De pronto, con el ordenador abierto en la mesita delante de mí, al girar la cabeza hacia el ordenador, pude leer el título del tema que estaba escribiendo: *regálate tiempo para ti*. ¡Justo ese! Sonreí, asentí y lo integré; y me quedé ahí, en el sofá, pero esta vez feliz de *estar eligiendo* ese tiempo para mí, además y a pesar de todo lo que (siempre) tenía por hacer. Tiempo para ti misma; encontrar espacios para centrar tu energía y calmar tu mente. Sabemos que es importante, pero es cierto que hay que recordarlo para darle el espacio y equilibrar algún sentimiento de malestar.

Todo es importante, y tú también.

El reto está en creer que esto es así y aprender a incluirte en tus planes; hacer hueco en la agenda para estar contigo, para hacer algo para ti sin sentirte culpable. O hacerlo sin sentir que estás haciendo algo malo, o hacerlo a escondidas, o directamente no hacerlo porque te sientes mal.

Regálate tiempo para ti y haz lo que quieras.

No, no es egoísmo. Ni ser *mala madre*, ni que te de igual todo y solo pienses en ti (estas frases son de esa voz en tu mente que pretende hacerte sentir mal hagas lo que hagas). Se trata de hacer algo que te haga sentir bien, que equilibre el ritmo de tu día a día, que te dé fuerzas y energía para hacer lo que haces, llegar a todo lo que llegas, pero mejor. Se trata de estar bien tú para estar mejor con los demás; porque solo amándote y cuidándote a ti misma te podrás compartir con el mundo; desde el equilibrio y no desde el desgaste.

Regálate tiempo y vete a pasear, siéntate en la arena, túmbate en el sofá, queda con una amiga, lee un buen libro, respira, medita, haz lo que te haga feliz. Pero hazlo. No se trata de abandonar tus responsabilidades para atenderte a ti. Tampoco de abandonarte a ti para atender a tus responsabilidades. Se trata de incluirte en la agenda, en tu día, en tus planes, y que recuerdes que quizá una hora de amor, paz y felicidad contigo, te llena para dar el 100 % en el resto de tu agenda diaria.

Amarte también es incluirte en tus planes.

Y cuando dudes de ti,
piensa en todas las veces que lo conseguiste,
y recuérdatelo.

# Háblate con amor

Te han enseñado a hablar con respeto, a escuchar, a perdonar. A respetar el silencio, a no molestar. A no decir palabras duras, no insultar, no herir con las palabras. Te han enseñado a cuidar lo que dices, a los demás, pero no a ti misma.

¿Cómo te hablas a ti?

Nuestro lenguaje crea nuestra realidad. Esto quiere decir que las palabras que te dices, lo que te dices y cómo te lo dices, crean tu mundo interno y externo.

Autoamor también es cuidar cómo te hablas, cómo piensas, lo que dices en voz alta, porque con tus palabras estás creando (tus) realidades, inventando escenarios posibles en el futuro, recordando escenarios del pasado, y todo eso está creando algo en ti.

Un día descubrí que yo era mi peor juez, capaz de limitarme, de reducir mis recursos y dejarme sin confianza solo por mi forma de hablarme. El tiempo y la consciencia me han ayudado a poner orden en el juicio de mis palabras, a darme cuenta de cuándo me hago daño y reorientarme, cambiar el contenido de mi diálogo interno y facilitarme crecer y confiar, en lugar de limitarme y desconfiar. Es un aprendizaje, es un proceso, que comienza con ese *darte cuenta* que da tanta luz. Y duele ver la realidad de cómo te tratas a ti misma. Es fácil saberlo: mírate y descubre cómo te estás sintiendo en este momento. Si te estás sintiendo mal, nerviosa, con ansiedad, preocupación o miedo, ve más allá y descubre qué estás pensando, qué te estás diciendo, cómo te estás hablando. Probablemente tu diálogo interior sea tóxico para ti misma.

Estamos de suerte: tenemos la posibilidad de crear nuestro cielo (o nuestro infierno) con nuestras palabras. Eso significa que *podemos elegir*. Siempre podemos elegir. ¿Cómo empezar?

- Escucha qué te dices, cómo te hablas, y entenderás cómo te sientes.
- Escribe en un cuaderno las frases más recurrentes que te dices. Te vas a sorprender; y solo cuando pongas atención, pondrás acción.
- Elige las frases que quieres incorporar en tu repertorio automático para ir incorporándolas a medida que detectas las frases negativas. Te pueden servir algunos mantras que te generen calma y confianza. Yo uso mucho «todo está bien» y «confía».

- Entrena esas frases en tu dialogo interno. Primero te costará porque será un esfuerzo consciente, pero poco a poco se automatizarán hasta que las integres y vivan en ti.

Puedes elegir ser tu paz. Si eliges hablarte con amor, y desde el amor, todo lo bueno que hay en ti crece:

- Háblate siempre como hablarías a quien más amas.
- Desde el amor todo lo que te digas te impulsará a crecer.
- Desde el temor todo lo que te digas te hará retroceder.
- Cambia la crítica destructiva por palabras de confianza.
- Recuérdate las veces que lo has conseguido antes para seguir creyendo en ti.

Recuerda que con tus palabras tienes la posibilidad de crear en ti el espacio donde todo lo puedes o donde nada puedes. Tus palabras crean tu mundo, y tú tienes los colores para pintarlo como quieras.

La energía te habla a través
de tu cuerpo,
y tu intuición también.

# Si lo sientes, ES

Personas que te ponen nerviosa. Lugares que te hacen sentir mal. Situaciones que te producen incomodidad. O, al contrario; personas que te hacen sentir bien, lugares que te transmiten una energía maravillosa o situaciones que te hacen sentir paz. Todo esto es intangible. No se puede ver, pero se siente. ¿Qué valor le das a eso que sientes cuando lo sientes? Déjame decirte algo: si lo sientes, es.

Todo es energía. La energía es la forma en la que te conectas con los demás, en la que sientes el mundo, en la que el mundo te siente a ti, y aún así, no la escuchas, no la atiendes. Si tus palabras dicen una cosa y tu energía es otra, el mundo siente tu energía, no tus palabras. Si pides algo a la vida, al universo, y tu energía no está alineada con lo que quieres, el universo escucha lo que sientes, no lo que dices. Así de poderosa es tu energía, tu frecuencia vibratoria, y ese es tu reto: conocerte desde lo que sientes en cada momento porque tu energía te está hablando y también le habla al mundo. Y desde esa misma energía, te responde.

¿Que cosas te hacen sentir bien y qué te hace sentir mal? ¿Qué personas conoces que al estar con ellas te llenan de energía, y qué personas parece que cuando están cerca de ti te la quitan? ¿Qué lugares de los que conoces te hacen sentir mal y en cuáles te sientes muy bien? Aprender a identificar cada uno de ellos es un primer paso para aprender a conectarte contigo y con la energía, y detectar qué vibraciones generan en ti, cómo impactan en ti y en tu cuerpo esas personas, situaciones y lugares. Y escucharte; y creerte. Haz tu lista y te ayudará a identificarlo en el momento en el que lo estés sintiendo.

Date espacio para sentir lo que sientes y cree en lo que tu cuerpo te dice.

Amarte es sentir lo que sientes, respetar lo que sientes, cuando lo sientes. Darle espacio. Darte espacio. Darle voz. Y respetar lo que necesitas en ese momento. Quizá puede ser tan fácil como esto: ¿Alguien te hace sentir mal? Aléjate de esa persona o elige no pasar mucho tiempo con ella. ¿Un lugar te hace sentir mal? No vuelvas o no estés allí mucho tiempo, en la medida que puedas. ¿Una situación te hace sentir mal? Intenta cuidar no exponerte a ella más veces. Y así con todo.

Conéctate con lo que estás sintiendo porque dice mucho de ti. Las emociones se expresan a través de tu cuerpo, y tu intuición también.

La intuición es la inteligencia del inconsciente, decía Jung, o el lenguaje del alma, decía Krishnamurti. La palabra *intuición* viene del latín, *in* y *tueri*, que significa *mirar adentro*. Conectarte con tu intuición es abrirte al lenguaje de tu cuerpo, a tu mente y a tu corazón. Tienes que aprender a escucharlo, a escucharte, y confiar en eso que sientes. Siempre has estado desconectada de tu interior, y comenzar a sentir tu energía y escuchar lo que sientes, es una forma maravillosa de volver a conectarte con eso que nunca tendrías que haber perdido.

Amarte es respetarte, cuidarte y aprender a acercarte a lo que te hace sentir bien, y alejarte de lo que te hace sentir mal.

No necesitas a nadie
para estar contigo.
♥

# Ama tu soledad

¿Cómo amarte cuando no sabes estar contigo? La palabra soledad, en sí misma, nos da miedo. Nos lleva a pensar en el abandono, en el rechazo, en estar sin nadie. ¿Cómo amar eso? El reto está en enamorarte de ti cuando solo estás contigo. Y amar tu soledad también cuando estás con alguien.

Está bien encontrar momentos de soledad, de soledad elegida, y saber vivirla.

No necesitas a nadie para estar contigo. Pero parece que no es tan fácil.

*Por miedo a tus sombras, huyes de tu luz.*

Te escondes en el miedo a encontrarte contigo, porque aún desconoces el universo que vive dentro de ti, quién eres, de dónde vienes y qué te hace feliz. Necesitas de ti para encontrarte, necesitas aire para crear el espacio contigo, necesitas estar contigo para conectarte con tu luz. Recuerda que el camino a tu luz siempre es a través de tus sombras. Y no siempre es fácil.

Relaciones tóxicas. Dependencia emocional. Personas que no te aportan nada. Huir, huir, huir. Todo a lo que dices sí, cuando te dices a ti misma no. No me quiero, no me conozco suficiente, no sé estar conmigo. Rellenas el espacio vacío de unos con otros por no encontrarte contigo. Eso no es amor, es vacío. El vacío de no saber quererte tú y regalar ese amor a los demás. El vacío de no saber estar contigo y refugiarte en cualquier lugar, buscando el paraíso en el lugar equivocado.

*Porque el secreto que muy pocos conocen es que el paraíso eres tú en cualquier parte, siempre que te ames y quieras estar contigo.*

Todo lo demás es camino, para llegar al destino de encontrarte y de quedarte contigo. Con alguien o sin alguien, pero contigo. Decía Osho que «la soledad es muy positiva. Estás tan lleno de presencia que puedes llenar todo el Universo con ella, por lo que no hay necesidad de nadie». Solo necesitas aprender a verlo. Ama tu soledad. Necesitas de ti, necesitas tu tiempo, tu aprobación, tu amor, tu apoyo. Y cuando tienes eso, todo lo demás es un regalo.

En la soledad te sumerges, creces y te conectas contigo. Vivir bien la soledad te permite encontrarte, reflexionar, darle sentido a muchas cosas y explorar dentro de ti. Te permite vivir experiencias de una forma más intensa y diferente que cuando son compartidas, y descubres partes de ti que no conocías. En tu soledad te encuentras, te descubres, te reconoces; en tu luz, en tu sombra, y en todo lo que nunca has querido ver en ti. Te ayuda a valorarte, a sentir que si te tienes a ti, lo tienes todo y, desde ahí, a establecer relaciones más sanas y equilibradas con los demás. Porque cuando te descubres a ti, también descubres que no necesitas nada; lo eliges.

Amarte a ti es amar tu historia, amar tus miedos, amar tu paz. Elige tu espacio, tu tiempo, tu lugar, y crea dentro de ti ese paraíso donde todo es posible y todo está. Porque en ti tienes todo para sentirte plena, completa, y tu mejor lugar siempre eres tú.

*Permítele a tu corazón ser tu hogar, tu lugar de refugio de amor y paz.*

No puedes juzgarte.
La persona que eres hoy no puede pensar
como la persona que eras
ayer.

# Perdónate

En uno de mis retiros espirituales, esos que hago para estar conmigo, justo al entrar me recibió una mujer y me dijo que eligiera una carta. Cada carta tenía escrita una sola palabra y esa sería mi palabra en ese retiro. La mía era PERDÓN.

A mis ojos, no tenía nada que perdonar. Ya lo había perdonado todo. Reflexioné un buen rato y sentí que el universo en ese caso se había equivocado conmigo. (Aunque ya sabemos que eso nunca pasa). Solo bastó un ejercicio de introspección para entender que, efectivamente, esa palabra era para mí. Pero tenía que completarla. En lugar de *perdón* era *perdónate*. A mí misma. Recuerdo ese momento como uno de los más esclarecedores de mi vida.

*Me había pasado la vida perdonando y dejando ir, pero se me olvidó hacerlo conmigo.*

¿Cómo amarte cuando no te has perdonado? Perdonarte es el primer paso para amarte, abrazarte como eres, por lo que eres, incluyendo las (malas) decisiones, los errores que se convierten en aciertos, los sueños que se quedan por el camino. No conseguirlo, hacerlo mal, hacer daño a otros sin querer. Tu camino está lleno de intentos sin final, de cambios de rumbo y decisiones a destiempo, y te sientes capaz de juzgarte y de no entender tus propios pasos. ¿Y sabes qué? La persona que eres hoy quizá no puede entender la persona que eras ayer. En ese momento. Con esos ojos. Con esa mirada. Por eso no puedes juzgarte, no eres la misma, ni puedes mirarte con los mismos ojos ni sentir como sentías entonces.

Decía Louise Hay: «me perdono y soy libre»; porque solo desde el perdón puedes liberarte, soltar las cadenas de tus juicios y rendirte al amor que vive en ti. Perdonarte y perdonar es el camino a tu corazón, al amor a ti, al amor a otros. Puedes sentir dentro de ti que siempre has hecho lo mejor que has podido, lo mejor que has sabido, y no es necesario ni justo que seas tan exigente y cruel contigo, porque lo que necesitas es justo lo contrario: amarte. Desde el amor entiendes que a veces te has exigido demasiado, te pides demasiada perfección, y apenas te permites el error. Y equivocarte es humano, es el camino a tu aprendizaje y evolución, y amarte cuando es más difícil amarte es el verdadero amor. Y pesa; todo eso que vive en ti, en tu memoria, en tus recuerdos, impregnado de los *debería, pudo ser, tendría que haber hecho,* llena tu cuerpo de peso, culpa, juicios, cadenas y sombras, y eso ya no tiene espacio en ti. Porque tú ya eres diferente. Porque en ti puedes hacer espacio al perdón, al amor, al respeto, a la comprensión, a la compasión. Porque ahora puedes entender que no siempre puedes ser perfecta, y aún así lo eres; que puedes equivocarte, porque cada error es en realidad evolución; que puedes cambiar de opinión, porque cambias a cada instante, y a eso se le llama crecer. Y bajar el volumen de la exigencia y la perfección en ti y subir el del amor, la comprensión y la compasión.

Que eres libre. Que lo puedes intentar, probar, hacer, experimentar.

*Que puedes soltar tu pasado y comenzar a vivir tu presente. Desde el amor, el perdón y la comprensión.*

Me perdono por olvidarme de mí.
Me perdono por dejarme en último lugar infinidad de veces,
por esconderme cuando me necesitaba,
por no saber darme la mano cuando estaba sola.
Ni pedirla.
Me perdono por no saber gritar a tiempo,
por no saber recibir abrazos de quien ha sentido dármelos
por no estar preparada para que me quieran
como tampoco sabía hacer yo.
Me perdono
por no saber perdonarme,
por no llegar a tiempo,
por no regalarme tiempo,
por el tiempo que perdí.
esperando
el tiempo
perfecto
en el que acordarme de mí.
Me perdono.
y con el perdón me dejo libre.
Para ser feliz.
Para vivir sin carga.
Para sentir sin culpa.
Y desde ahí poder amarme
como nunca nadie lo hizo:
Incondicional.

# Me amo me perdono

Respetar es amar.

♥

# Respeta tus tiempos

Una vez me costó 2640 horas volver a sonreír.

Quizá son muchas.

Quizá no.

He aprendido que son las que he necesitado, y por eso son perfectas.

En el camino he aprendido que a veces he tardado menos en levantarme y otras, como en esta, he necesitado ordenar mi universo entero. En esas 2640 horas aprendí a entenderme, a cuidarme y abrazarme, para recordarme que estoy aquí conmigo. Pero también a cuidar a los demás. A pedirles tiempo. Pedirles que entiendan mi tiempo (ese que no entendía ni yo). He aprendido a respetar mis tiempos sin compararme con nadie, ni siquiera conmigo misma en otras ocasiones.

*Porque cada persona es diferente, y tú también eres diferente en cada momento de tu vida.*

Respetar es amar. Es necesario que estés contigo, que te acompañes en el dolor, en el miedo y en la incomprensión. Porque es justo en medio de tu tormenta donde descubrirás el valor del amor y de tu verdad.

Y para eso necesitas tiempo, el tuyo. El que tu corazón necesite para ordenar el caos, el que tu mente necesite para comprender que no podrá entenderlo todo, el que tu alma necesite para volver a nacer. Porque hay tormentas de las que nunca sales igual; te transforman por completo, y para ello necesitas (tu) tiempo. Es necesario dejar espacio para que todo ocurra, para que todo salga, para que todo se ordene, confiando en el proceso natural del volver a empezar. Y hacer en ti espacio para la pena, la tristeza, el dolor, porque el dolor te acerca a ti, te ayuda a comprender para transformar, y transformar es volver a crear.

Que nadie te imponga fechas para sanar ni momentos para volver a ser; respeta tus tiempos, vive el proceso, crea el camino para volver a crearte una y otra vez. Amándote, acompañándote en cada uno de tus pasos, sintiendo que todo está bien; y lo que sientes, también.

Respeta tus tiempos. Aléjate del ruido externo que marca tus pasos, que te quiere de vuelta, por amor, y escucha lo que de verdad necesitas para volver a ti con amor. Pon atención a tus pensamientos, a lo que te dices en voz baja, porque está, creando tu realidad. Nos hacemos daño cuando establecemos como *normal* lo que vemos en los demás y luego nos comparamos con eso.

Pero ¿quién establece cuánto tiene que durar un duelo? ¿O cuánto tiempo puede tardar una herida en cicatrizar? ¿O cuándo es el momento perfecto para dar un paso adelante, tomar una decisión complicada o terminar un ciclo? Hay que dejar espacio a lo que es, a lo que está siendo, con menos mente y más alma. Y solo ahí, al vivir la experiencia tal y como es, agradeciendo y amando lo que está siendo, con su luz y su sombra, con su amor y su dolor, nos transforma.

Respeta tus tiempos. Tu tiempo perfecto existe y solo lo puedes encontrar dentro de ti. Y cuando lo encuentres, respétalo.

Aléjate de las comparaciones. Respetar(te) es amar(te).

Cada

uno

de

tus

errores

construyen

el aprendizaje

de tu vida.

## Cógete de la mano cuando te pierdas

Diría que somos expertas en soltarnos de la mano cuando nos perdemos. No pasa nada; siempre volvemos a casa. A veces tardamos más, a veces menos, pero el acto de soltarnos es casi inherente al error. O al daño. O a lo que sea que pase, porque pase lo que pase, el primer paso es irnos al extremo contrario del autoamor. Luego, con los (d)años, con los pasos, con los aprendizajes, vamos volviendo al equilibrio, que no es otra cosa que ir caminando hacia el amor, desde dondequiera que estuviéramos en origen.

*La respuesta para encontrar tu camino siempre es el amor.*

Cuando todo va bien es más fácil amarse, parece, aunque siempre cuesta. Cuando algo va mal, a veces parece imposible. Eres la primera persona en juzgarte, en decirte las peores palabras, aunque sean hacia dentro; te retiras el cariño, el apoyo, el amor. ¿Te suena? Qué duro darte cuenta de que ese, muchas veces en nuestra vida, es el patrón que seguimos cuando hacemos algo mal, tenemos un episodio difícil o alguno de los proyectos de nuestra vida deja de funcionar. El resultado: tú misma te haces sentir más sola que nunca.

- Qué bonito saber cómo lo estamos haciendo para aprender cómo lo podemos hacer mejor. Porque sí; podemos aprender a hacerlo diferente.
- Cuando te sientas perdida, imagina que eres una niña que se siente perdida, y actúa contigo como lo harías con ella. ¿Qué siente? ¿Qué necesita? Y dáselo.
- Utiliza palabras de amor contigo.
- No te juzgues. Comprende por qué actúas así y por qué te estás sintiendo así. La comprensión y la aceptación te llevan a la autocompasión (mirarte desde el amor).
- Abrázate cuando sientas que menos lo mereces, que, como dice aquella frase, será cuando más lo necesites.
- Cógete de la mano, quédate contigo, pase lo que pase, nunca te abandones.
- Aprende a pedir ayuda cuando lo necesites. Una amiga, un profesional, lo que necesites que sientas que te ayudará a salir adelante.
- Cada error tiene dentro un mundo de aprendizaje. Y entre un error y otro vas creando tu vida. Por eso, ama cada error, porque es lo que más va a enseñarte.

Y recuerda que es en el error, en el dolor, donde no sabes cómo, donde no hay mapa, cuando te dejan de querer, cuando te dejas de querer, cuando más te necesitas y cuando más cerca tienes que estar de ti y de tu corazón. Ese es el verdadero amor; acordarte de ti cuando te has olvidado. Recordar abrazarte por dentro. Decirte «todo está bien, confía». Calmar tus miedos. Cuidar tus tristezas. Aceptar tus errores. Amar tus sombras. El dolor tiene el poder de acercarte a ti, de unirte a tu alma, de crear un espacio dentro de ti para estar contigo. Cuando estés ahí, acuérdate de quien siempre se queda cuando el mundo se va. De quien a pesar del viento en contra, se levanta una y otra vez hasta aprender a volar. De la persona más incondicional de tu vida: tú.

*Me amo.*
*Incluso cuando sienta*
*que no lo merezco:*
*ahí, mucho más.*

Todo pasa.
Todo llega.
Pocas cosas se quedan,
ni siquiera tú.
Tienes que recordar cuidar de ti,
aceptar tus cambios, seguir en el camino.
Porque a veces ni siquiera tú te quedas contigo,
porque te pierdes.
Entre el qué dirán y lo que te dices tú.
Entre lo que quieres ser y lo que eres.
Entre lo que sueñas y lo que haces realidad.
Pero mírate,
al final estás contigo,
siempre.
Deja que el viento se lleve lo que no es tuyo,
y te traiga lo que tiene que llegar a ti,
y se quede lo que quiera estar,
sin tiempo, sin prisas,
solo abrazando el momento.
Todo llega, todo cambia,
y, mientras tanto,
siempre Tú.

Aléjate de todo lo que te aleje
de tu paz.

♥

## Tu paz es tu refugio

Dijo el Dalai Lama: «se llama calma y me costó muchas tormentas, y las transitaría mil veces más hasta volverla a encontrar».

Y esa frase resuena en mí una y otra vez.

Porque me identifico, me representa, y representa un infinito de guerras internas que he vivido hasta llegar ahí. Aquí.

Se llama paz y es mi templo. Mi refugio. Mi hogar.

*Nunca viene de fuera hacia dentro. Se crea en ti.*

El primer paso es saber que la quieres y no la tienes. Después empiezas a desearla, como todo eso que queremos y no tenemos. Y puedes identificar qué te la quita. Porque nadie te la da; te la das tú. Tu estado natural es paz, pero nos rodeamos de muchas cosas, situaciones y personas que nos alejan de ella. Empezando por nuestros propios pensamientos. El primer enemigo de la paz interior es el miedo, en todas sus versiones: preocupaciones, anticipación, recuerdos. Con lo que piensas a veces creas en ti un lugar de miedo, de nervios, de inquietud. De todo menos de paz. Tú sola. A ti misma. Con eso que estás eligiendo pensar o en lo que no sabes dejar de pensar. Porque a veces dudas de tu propio poder; del poder de elegir lo que se queda a vivir en ti y lo que dejas ir.

El *mindfulness* nos enseña que si te limitaras a vivir el momento presente, serías paz. Entonces ya sabes el camino. El lugar es aquí. El momento es ahora. Quedarte a vivir en el momento, viviendo la experiencia de tu presente, te conecta con la paz y la felicidad. Cuando permites que tu mente viva en el ayer, o viva en el mañana, con pensamientos y preocupaciones ajenos a la experiencia del ahora, te alejas de esa paz y de esa felicidad, perdiéndote *la vida*.

Tu paz es tu refugio. Cuando sabes donde está, solo queda cuidarla. Protegerla. Vivirla y disfrutarla. En tu paz te encuentras, te haces libre, te sientes conectada a la armonía y al amor que viven en ti.

La clave para saber si estás en tu paz, es mirar cómo te sientes en este momento. Si estás en calma, en equilibrio, en armonía interior, estás en tu paz, y en tu paz tú eres tu refugio. Si estás en conflicto, con inquietud, con nervios, en desarmonía, con miedos y desequilibrio, no estás en tu paz, pero tú sigues siendo tu refugio. **Precisamente ese es el camino: volver a ti, conectarte contigo, respirar,** volver a tu centro y crear tu paz. Una y otra vez.

La magia está en tu poder para ser tu paz siempre que te necesites, en darte cuenta de que te has perdido de tu centro, para volver a él. Es la magia de poner luz donde antes no podías ver. Poner luz, observar, aceptar, abrazar, amar.

Cuida tu paz interior porque solo desde ahí puedes ser tú. Es el mayor acto de respeto por ti mismo, respetar tu templo, tu hogar, tu refugio, el lugar donde puedes ser.

Cuando cuidas y respetas tu paz interior, el mundo también lo hace.

*De dentro hacia fuera. Así se crea magia. Así funciona el amor. Así funciona el autoamor.*

El mundo cambia desde unos ojos
que miran con amor.
Tu mundo cambia cuando te miras
con amor.

♥

## Conócete y conoce tus fortalezas

La mayoría de las personas que me escriben para hacer sesiones conmigo o para que les recomiende uno de mis libros, me dicen que es porque necesitan tener más confianza y autoestima. Te cuento un secreto: cuando leo esa respuesta, siempre me viene la misma frase: *si de verdad te conocieras, no te pasaría* eso. Eso siento de verdad. Siento que vivimos ciegas a lo que somos. A la grandeza que somos, al milagro que somos, cada uno de nosotras. Sí, tú también.

No importa lo que eres, lo que haces, en qué trabajas o las decisiones que hayas tomado. Importa cómo te miras. Lo que eliges mirar de ti. A lo que le pones atención. En lo que eliges confiar.

*El mayor regalo que puedes hacerte es darte la oportunidad de descubrirte. Y mirarte bonito. Con amor.*

Desde esa mirada descubrirás un nuevo tú. Una persona milagro, un mundo de posibilidades, llena de fortalezas y de cualidades que casi nunca ves. Porque no te lo permites. Porque parece que está mal pensar bien de ti misma, decir en voz alta lo bueno que hay en ti, y se premian más las quejas que los refuerzos, las tristezas que los abrazos, el dolor que el amor. Y nuestra vida es un reflejo de eso. El día que elijas mirarte desde tus fortalezas, desde tus cualidades, desde todo lo que eres pero no te atreves a mirar, serás imparable. Y sí; eso también te da miedo. No tener que contarte la historia de que no puedes, de que no crees en ti, de que no sabes hacerlo, te haría imparable, y para eso hay que estar preparada.

El mundo cambia desde unos ojos que miran con amor.

Tu mundo cambia cuando te miras con amor.

Conocerte sin juicios, descubrirte sin miedos, mirarte con sueños es el mayor regalo que puedes hacerte para creer en ti. Porque al mirarte desde tus fortalezas, te estás dando la oportunidad de creer en ti, y apostar por ti y por tus sueños, y por todo eso que eres y aún no conoces. Grandeza. Ilimitada. Magia. Potencial. Posibilidades. Infinita. Todo eso vive en ti y no lo ves.

La vida va de ser.
Tu camino es conectarte con tu esencia
y permitirte ser.

Conocerte, descubrirte y darte la oportunidad de ser quien quieres ser.

Una actividad que te recomiendo hacer es mirar la vida desde las gafas de las fortalezas. Imagina a tres personas y ponte las gafas de las fortalezas. Esas gafas solo te permiten ver en ellas lo bueno, lo que hacen bien, sus posibilidades, sus cualidades, lo que aportan a los demás. ¿Qué cambia en ellas? Cuando las miras desde ahí, cambia el potencial que ves en ellas, tu confianza en ellas, las cualidades y fortalezas que ves. Ahora hazlo contigo. Mírate desde ahí, desde esas gafas en las que solo ves cualidades, fortalezas, capacidad. ¿Qué cambia en ti? Desde esta mirada eres más. Puedes más, sabes más, puedes hacer más y el camino de desarrollo es más amplio. Aumentan tus posibilidades porque te miras desde lo que funciona en ti, desde lo que eres, en positivo, y desde lo que puedes llegar a ser. Recuerda usar tus gafas de las fortalezas cuando dudes de ti.

No.
No necesitas ser perfecta
para amarte.

# Tu imperfección es perfecta

Hoy he tenido una sesión con una persona que está creando su proyecto profesional independiente. En la sesión me ha dicho algo así como «estoy bloqueada, soy tan perfeccionista que o lo hago todo perfecto o no hago nada».

Creo que ha resumido la esencia del perfeccionismo en una frase.

¿Cuantas veces ibas a hacer algo y hasta que no has tenido el 100 % controlado no has empezado? Por tanto, hay muchísimas cosas que dejas sin hacer, o que no intentas, porque hay muchísimas posibilidades de no tener el 100 % controlado. Así funciona el perfeccionismo. O lo haces perfecto o no lo haces.

Y pasa más lo segundo que lo primero.

Desnudando el perfeccionismo, encontramos que detrás se esconde una baja autoestima. Nos cuesta aceptar que no somos perfectas, y también funciona al revés; tenemos que hacerlo todo perfecto para aceptarnos y sentir nuestro valor.

*Si no está perfecto, no vale.*

*No es suficiente.*

*Y la trampa: nunca es suficiente.*

Amor a ti misma también es aceptar que no necesitas ser perfecta para amarte. No necesitas hacerlo todo perfecto para ser válida. No necesitas llegar a todo, todo el tiempo, para merecer amor, respeto o valor. Ya lo eres. Ya lo tienes.

Recuerda que no tienes que ser diferente para que te quieran. Ni mejor. Ni la mejor. Solo tienes que ser tú. Porque ser tú ya es maravilloso.

La imperfección te hace perfecta. Vivir desde la imperfección perfecta que eres, te hace más humana, cercana y vulnerable, y permite a los demás sentirse a tu altura, cerca de ti. Vivir cerca de una persona perfecta es muy duro. No solo por el alto nivel de exigencia (porque nunca es suficiente), sino porque siempre se verán inferiores a la perfección más perfecta. Esa exigencia interior la proyectas en el exterior, en los demás, en la vida, en todo lo que te rodea.

Y tantas veces exigiéndote más de lo que puedes hacer, intentando llegar a todo y a todos a costa de ti misma, para sentir que eres adecuada. Necesitando validación externa para amarte. Que te quieran para quererte. Ser perfecta a ojos de los demás para serlo a los tuyos.

En realidad esa no eres tú. Tu esencia es perfecta tal y como es sin exigirte algo que no eres. Sin aparentar. Sin necesitar que te amen los ojos de fuera para amarte dentro. Eres preciosa con esas arrugas. Con tu cuerpo tal y como es, aunque esta semana el pantalón no te cierre. Eres maravillosa despeinada, triste y enfadada. Eres válida y excelente aunque este mes no hayas llegado a objetivos, no hayas vendido lo esperado o no te hayan aceptado ese proyecto. Eres buena aunque no tengas todos los títulos que tu mente insegura te dice que tienes que tener para ser «buena». Mira todo lo que sí tienes. Mira todo lo que has conseguido. Mira todo lo que ya eres.

*Baja el volumen de la autoexigencia y sube el volumen del autoamor.*

Tú te equilibrarás y el mundo se equilibrará contigo.

Tu luz no brillará si no
permites tus sombras.
♥

## Ama tus sombras y ama tu luz

Todos tenemos en nuestro interior un mundo infinito de luces y de sombras. Solo comprendiendo nuestras sombras podemos crear una nueva realidad, llena de luz y de verdad. No existe la luz si tampoco permitimos las sombras.

Son dos partes de una misma realidad; en cada momento estamos eligiendo hacia dónde caminamos y desde dónde miramos. Y vivimos.

No tengas miedo a tu oscuridad. En palabras de Deepak Chopra, «cuando afrontes el encuentro con tu sombra, en lugar de vergüenza, sentirás compasión. En vez de confusión, ganarás valor. En vez de sentirte limitada, serás más libre. Aceptar nuestra sombra te permite realizarte, ser tú plenamente, recuperar tu poder, desatar tu pasión y materializar tus sueños».

Si quieres saber cuáles son tus sombras, piensa en aquello de los que huyes. Lo que no te gusta de ti, te incomoda, te duele. Eso, justo eso, es lo que tienes que integrar para aprender a amar(te).

Cuanto más nos alejamos de lo que somos, más sombras. Crece el miedo, la competitividad, el orgullo, el ego. La necesidad de validación externa, de aprobación de los demás, de que te acepten, de que te quieran. Simplemente porque tú no lo haces. Las sombras esconden tu verdad, el amor vestido de duda, para que no puedas verlo. Tu luz escondida detrás de tu propio rechazo. De tus miedos. De tu dolor.

Las sombras son incómodas, porque es justo eso que rechazas de ti, lo que eliges no ver o eso de lo que huyes cada día. Como no queremos verlas, las vemos proyectadas en los demás, y todo eso que rechazas de ti misma lo rechazas en el otro. En tu relación con los demás se refleja lo que no quieres ver de ti misma, mostrándote el camino que tienes que recorrer para sanarte. Y el camino siempre es hacia dentro. Por eso el camino del amor está en, primero, amar tus sombras, y desde ahí amar al mundo. En amarte tú, y desde ahí amar a los demás después.

Ama tus sombras y ama tu luz. Ilumina esos rincones, abraza todo lo que eres y ámate desde ahí. Agradece lo que eres para amar lo que eres. Y esto solo es posible si las miras de frente. Si te miras desde dentro. Curando las sombras con tu amor.

Camina hacia la luz. Tu luz.

*Transita tus sombras para encontrar el brillo
que vive dentro de ti.*

Cuando pierdes el miedo a perder, te ganas a ti. Cuando no tienes miedo a lo que vas a encontrar en la oscuridad, justo ahí encuentras tu luz. Cuando te rindes a lo que es, a lo que eres, olvidando en el camino las expectativas de lo que debes ser, estás eligiendo tu luz.

*Y cuando eliges tu luz, amando tus sombras,*
*te permites de verdad ser tú.*

Cuando no eres capaz de amar tus sombras, tus miedos, tu vulnerabilidad, tu pasado, y estés a punto de dar un paso importante, tu sombra se manifestará como *autosabotaje*. Siendo consciente de tu verdadera naturaleza, integrarás tus sombras.

Y solo amando tus sombras e integrándolas en ti, puedes vivir desde tu luz, sin miedos, sin esconderte nada, mostrándote al mundo con la luz que has venido a dar. Brillando. Caminando cada día un paso más hacia la luz que ya eres. Iluminando tus sombras para conectarte con tu luz.

Dejo de ver lo que no tengo
y me enfoco en lo que puedo hacer.

## Suelta tus creencias, juicios y limitaciones

Como dice Gregg Braden, «cuando observamos nuestra vida, nuestros logros y carencias, también estamos contemplando el reflejo de nuestras creencias».

Creencia es lo que crees de ti, lo que guardas en tu mente inconsciente y no cuestionas, y va dando forma a tus pensamientos sobre el mundo y sobre ti. Y sobre lo que atraes, alineado con eso que crees, que sientes y que vive dentro de ti.

Juicio es lo que dices de ti misma, lo que catalogas de adecuado o inadecuado, bonito o feo, bueno o malo, y que normalmente se va a lo peor.

Limitación es lo que te haces cuando crees lo que te dices a ti misma en negativo y cuando te juzgas en negativo; no te permites intentarlo.

Las tres juntas son tus cadenas.

Dejar de escucharlas, tu liberación.

*El primer paso para liberarte de todo lo que no eres tú es conocer qué hay en ti que no eres tú.*

Las creencias, que como sabes se adquieren desde la infancia, están tan arraigadas en ti que ni siquiera las ves. La mayor parte son *verdades inventadas* ancladas a tu inconsciente, que responden y deciden por ti sin que puedas verlas. Es solo cuando eliges ponerles luz que van saliendo, las vas viendo y las puedes cambiar. «No eres buena para esto» «esto no es para ti» o «no eres bonita», son mensajes que recibimos desde pequeñas, que se graban y marcan el camino a la mirada que tienes hacia ti misma durante toda tu vida. Según el biólogo molecular Bruce Lipton, «son nuestras creencias las que controlan nuestra mente, nuestro cuerpo, y por tanto, nuestra vida». También recoge este investigador que «si no te amas a ti misma, no puedes asimilar que otro te ame». Es el poder de tus creencias creando realidades.

Soltar las creencias limitantes o inconscientes que ya no te sirven, implica cuestionar cuánto de verdad hay en eso que crees verdad, y soltarla cuando ves que lo que creías verdad solo era *verdad en parte*, y que hay muchas verdades, muchas formas y más posibilidades. No es fácil, pero a veces solo escribir lo que crees verdad ya lo hace menos verdad. Cuestionar para cambiar y cambiar para avanzar.

Los juicios son solo opiniones.

Es importante tener esto en cuenta porque a veces nos creemos demasiado. Un juicio está determinando algo sobre ti, si eres mejor o peor, si eres válida o no, si eres bonita o fea, si está bien lo que haces o está mal. Probablemente la confianza que tengas en ti sea un reflejo de tus juicios. Hay personas que no son capaces de mirarse al espejo, de hacer algo nuevo o arriesgarse, porque su juez interno está continuamente trabajando para que se sientan mal. Llega la mirada parcial (solo ve lo negativo) y el sentimiento de culpa, de no merecimiento y de no ser adecuada. Esos son juicios.

El resultado son las limitaciones. *Me limito, me bloqueo, no intento nada nuevo, no consigo, no confío en mí.* Y así, un círculo que te deja en el mismo lugar y no te deja avanzar. Y de pronto, cambiando una parte de ese círculo, puedes soltar, saltar, romperlo, volver a empezar. Esa parte siempre eres tú; cuestionar lo que crees, romper los límites que has creado en tu mente y creer en ti, en tus posibilidades infinitas, mirarte con amor y desde el amor, sin juicio, y desde ahí los límites serán tan infinitos como lo sea la confianza en ti.

Sueña...
A veces te nacen las alas
y no sabes qué hacer con ellas.

♥

# Sueña y ama tus sueños

¿Recuerdas eso que soñabas antes de creer que era imposible?

Antes de que tu mente te dijera «eso es demasiado para ti», «no vas a conseguirlo» o «nunca será para ti». Cuando te dices a ti misma «no merezco eso que quiero», te estás quitando el derecho a perseguir tus sueños, a conseguir lo que quieres, a conectarte con los deseos de tu corazón. Es tu mente alejándote de tu esencia.

*Eso que sueñas es tu corazón mostrándote el camino, y cada paso atrás es la sombra de los miedos que viven en tu mente.*

Un día me dijeron que no sabía escribir. Fue en mi primer trabajo, como psicóloga en un centro de menores en relación directa con juzgados. Me despidieron. La causa que me dieron fue que no sabía escribir los informes. Lloré, me derrumbé, y pasó el tiempo. Años después escribía mi primer libro, y algo en mi corazón me dijo que siguiera adelante. Alejé de mí las frases que me hacían daño y me alejaban de mi sueño. Esas frases las tenemos todos, esa voz que te recuerda constantemente por qué no eres adecuada, suficiente o buena para lo que estés haciendo. Cuando tan solo llevaba un capítulo escrito, me llegó una propuesta en firme para publicarlo con editorial Planeta. Fue en 2012. A día de hoy, miles de personas en todo el mundo leen mis libros, y el mensaje que recibo cada día es «gracias por escribir y compartirlo con el mundo».

Inevitable que me pregunte cuánto habría dejado de ayudar si no hubiera amado mi sueño lo suficiente y hubiera escuchado más a mi miedo que a mi corazón.

*Decide hacer algo grandioso, y escucha a tu corazón para que nada te distraiga.*

Somos un cúmulo de intentos, caídas y sueños perdidos por el camino que a veces ha dejado de intentarlo simplemente por miedo. A veces, miedo a que saliera bien.

Porque estamos más preparados para el error que para el éxito. Que a veces nos nacen las alas y no sabemos qué hacer con ellas.

Porque soñar es de valientes; no solo se trata de soñar con lo que eres, lo que quieres ser, dónde quieres llegar o con lo que quieres tener.

*También se trata de creer en lo que sueñas.*

Tú primero. Sobre todo y con todo.

¿Quién va a creer en lo que quieres si no crees tú?

Cree en tus sueños, cree en lo que quieres y ama tus sueños con la misma fuerza con la que te amas a ti. El amor propio también llega hasta ahí. Cuanto más te amas tú, más vas a amar todo lo que eres tú, lo que quieres y lo que sientes que mereces.

Quizá por eso te ha costado conseguirlo.

Quizá por eso otras personas han seguido intentándolo mientras tú has desistido.

Quizá te ha faltado amor. Amor por ti. Amor por lo que quieres. Amor por conseguirlo, por creer que lo mereces tanto como lo quieres.

Ama tus sueños con la fuerza del que cree que lo va a conseguir. Porque es más probable que lo consigas si crees que sí, que es para ti, y eres capaz de sentir con todo tu ser que estás a un paso de conseguirlo. El paso de amarte más para amar de verdad lo que sueñas, lo que quieres, lo que eres.

Refléjate en la luna
y ámate en todas tus fases.
♥

## Acepta tus ciclos biológicos

Yo me conocí tarde. Nunca me había parado a mirarme cómo era yo por dentro. Mis ciclos. Mis patrones. Mi «normalidad». El día que me miré por dentro, desperté a mi naturaleza, igual a la de otras mujeres y a la vez tan diferente, y esa conexión con mi esencia es sin duda otro camino más de autoconocimiento.

*Aceptar es dejar de juzgar.*

Empezando por ahí, imagina qué importante es para ti conocer tu ciclo biológico, en qué día del ciclo menstrual estás, en qué momento emocional, o si algo que ha pasado ha tocado una herida emocional del inconsciente que aún no has sanado y te está avisando.

*Si eres capaz de verlo, identificarlo y aceptarlo, no juzgas, abrazas.*

Eso es lo que te mereces, lo que te invito a hacer contigo, lo que desde hoy puedes comenzar a hacer. Puedes observar tus cambios físicos, emocionales y mentales cada mes. Si lo observas con amor y respeto, sin juicio, podrás descubrir que en tu interior conviven cuatro expresiones de ti, cuatro mujeres diferentes, que en cada estado del ciclo sienten diferente, piensan diferente y tienen habilidades diferentes. Además tus ciclos reflejan los ciclos de la luna y, a la vez, los ciclos de la luna afectan a cómo te sientes. Todo eso vive dentro de ti. Tu mayor aliada es la autoobservación, y desde ahí, la comprensión de ti misma. Según recoge Miranda Gray, las fases serían:

1. Primavera, *la versión mujer doncella, guerrera*. Una semana después de terminar con la menstruación: es el mejor momento de nuestro ciclo para empezar proyectos nuevos, para tomar acción, trabajar sola y lograr resultados.
2. Verano, *la versión mujer madre, reina*; coincidiendo con la ovulación, es momento para resolver conflictos, relacionarnos y presentar nuestros proyectos o ideas a los demás.
3. Otoño, *la versión mujer salvaje;* fase premenstrual, quizá la que más tenemos que entender. Aquí baja nuestra energía física y notamos la necesidad de ir para adentro. Atención a la crítica, que puede ser muy destructiva. La podemos reconducir hacia una fase creativa y liberadora, de conexión con nuestro inconsciente e intuición.
4. Invierno, *la versión mujer sabia, abuela*; fase de menstruación. Una fase para ir a lo esencial, priorizar, descansar y

simplemente estar. Esta es la fase reflexiva, el final de un ciclo, un momento para parar, evaluar y conectar con lo que realmente es importante para nosotras.

Esto es natural de tu biología, de tus tiempos. No tienes que hacer nada para que sea; simplemente pasa. Tienes las estaciones dentro de ti, las fases de la luna en tu cuerpo, y todo te hace sentir diferente cada día. No puedes juzgarte; solo entenderte, respetarte y abrazarte. Y a medida que te entiendas, optimizar tus recursos personales en función del ciclo en el que estés. Si eres capaz de observarte a ti misma y sintonizarte con tu ciclo, el mayor regalo que vivirás será reconciliarte contigo y con tu cuerpo de mujer, con tu intuición y tu esencia, y con todo el poder que tiene(s). Ya no es necesario que entres en conflicto contigo por tus cambios; ahora puedes comprenderte y, desde esa comprensión, amarte. Por ti. Por todas.

*Amo la mujer sabia*
*e intuitiva que hay en mí.*
*Me cuido, me respeto*
*y me amo*
*en todas mis fases.*

Y de pronto un día ya no duele tanto,
algo ha cambiado.
La calma vuelve a ti.
El dolor da paso a la aceptación.
La tormenta a la paz.
Todo se va
menos tú,
que vuelves a ti.

Le llaman vida,
pero lo podemos llamar
Autoamor.

Amarte cuando no te amas.
Ese es el reto.
♥

# Vulnerabilidad es ser Tú

Amarte cuando no te amas. Ese es el reto.

Permitirte ser, sentir y mostrar lo que nunca has querido que vean, ni ellos ni tú, es aprender a sentirte vulnerable, que es, en una imagen, el momento en el que una flor se abre, se muestra, se comparte con el mundo, aunque le llueva, haga viento o se erosione. La flor simplemente es.

Vulnerable es lo que eres cuando te sientes tú, cuando sientes que te abres, cuando te expones emocionalmente, quizá con miedo, con percepción de bajo control sobre lo que pasa y sobre lo que pasa en ti, porque no estás controlando, solo estás siendo.

*Vulnerable eres tú cuando te permites ser tú.*

Es desnudarte de máscaras, de lo que debes sentir, de lo que debes hacer, de lo que debes amar. Es vivir la imperfección que eres, aceptando con amor que no sabes todo, que no puedes con todo y, lo siento, pero que no estás preparada para todo. Y no pasa nada. La vulnerabilidad es tu poder porque es el camino para vivir con autenticidad, y eso significa permitirte ser tú. Todo lo que vives aparentando ser, debiendo ser, intentando mostrar, es algo que no eres tú y, por tanto, te aleja de ti.

Siempre he sido vulnerable, como tú, pero no me lo permitía. ¿Cómo iba a mostrarme desnuda de apariencias, en mi situación? Psicóloga: *la que ayuda*, la que siempre tiene las respuestas y la solución para todo. Una forma en la que me conecté con mi vulnerabilidad fue escribiendo. Cuando escribía me conectaba con mi verdadero *yo*. Cada vez con menos apariencia y más corazón.

Porque la vulnerabilidad es exponerse, es asumir el riesgo de mostrarse, es desnudarse de las máscaras del debería para pasar a Ser, y mostrarse y conectarse desde ahí.

Y entonces ocurre la magia; las personas nos sentimos más conectadas a las personas que se muestran desde su verdad, porque cuando uno muestra su verdad, te invita a que también lo hagas tú.

Como dijo Brené Brown: «Estoy muy agradecida por sentirme vulnerable, porque implica que estoy viva». Porque permitirte ser vulnerable, es permitirte ser tú. Y eso te conecta con tu ser esencial, con tu alma y con la vida.

Adaptarte a tu propia realidad, asumiéndola y haciéndola verdad, es el camino para aceptarla, amarte y evolucionar. Lo superas cuando lo aceptas. Y es en la aceptación de esa vulnerabilidad donde nace el cambio. *¿Qué hay en ti que no estás aceptando?*,

*¿qué prefieres no ver?* Pues precisamente eso está gobernando tu vida. Aceptarlo es restarle poder para devolverle el poder a tu ser, a ti.

Eres vulnerable cuando te permites sentir. Cuando amas. Cuando te amas.

Mirar dentro de ti y encontrar todo lo que eres, hasta lo que no te gusta, es de valientes. Mostrarte vulnerable contigo misma, en el camino de quitarte tus propias máscaras, mirar hacia dentro y descubrir lo que eres, lo que sientes, lo que aún no te has perdonado. Es un camino difícil pero necesario en ese encuentro contigo. Enamórate de tu vulnerabilidad para amarte a ti.

No necesitas que alguien te quiera
para quererte tú;
Ya estás completa.

♥

# Estás completa

Ya eres todo. Ya tienes todo. Y esto es muy importante que lo pienses, que lo sientas, que lo creas, para que la realidad te responda de la misma forma en la que te ves tú.

*Estás completa, porque te tienes a ti.*

Te han hecho creer que no eres suficiente. Que eres imperfecta. Que lo que más vale de ti es lo que aún no has conseguido.

Que siempre te falta algo para estar a la altura. Que siempre necesitas algo para ser mejor. Que tienes que ser diferente para tener más valor. Más alta, más delgada, más rápida, con más formación, con más experiencia, más todo.

Y sin darte cuenta te sientes inferior al mundo.

Necesitas que alguien te quiera para quererte tú.

Necesitas que alguien te valore para valorarte tú.

Te has desconectado de tu poder, de tu esencia, esa que te hace única y especial, diferente a cualquier otro, solo para parecerte a los demás y que te quieran.

Y cuando alguien te dice lo maravillosa que eres, crees que no te está diciendo la verdad. Te sientes pequeña. Incompleta. Imperfecta.

Necesitas que otros ojos te miren para poder verte.

*Si pudieras mirarte sin la venda del miedo, te darías cuenta de que ya estás completa.*

¿Miedo a qué? Miedo a ti. Tu propio miedo no te deja ver(te). Quizá porque darte cuenta de tu grandeza, de tu perfecta imperfección, de que no necesitas nada porque eres todo, te haría sentir tu propio poder, y no todo el mundo está preparado para ello. Quizá tenemos más miedo a sentir el poder que hay en nosotros que a sentir el miedo. Porque si supieras que en ti tienes todos los recursos que necesitas para conseguirlo, para creer en algo grande, para hacerlo realidad con tus pasos, quizá te daría miedo. Quizá porque has construido una imagen de ti limitada, incompleta, alejada de la magia que eres y del poder que tienes cuando crees de verdad en ti.

Estás completa.

No necesitas nada que no tengas, que no esté en ti, para ser buena, adecuada, suficiente, brillante. Todo lo que necesitas está en ti.

Un título no va a hacerte mejor; lo que cambia es lo que te hace creer de ti. Una casa más grande no te va a hacer mejor; lo que cambia es lo que tú vas a creer de ti. Todo lo que necesitas está en ti.

*Solo tienes que mirar hacia dentro, conocer tus recursos, confiar en tu luz, creer en tu potencial, creer en lo que crees y permitirte brillar.*

Si comienzas a caminar desde ahí, tu mundo se hace ilimitado y tus horizontes se amplían. Descubres un nuevo yo cuando te miras con otros ojos, desde otra mirada, con más amor y un mar de posibilidades. Y ahí descubres que quizá nunca te has regalado la oportunidad de brillar, que no has creído en ti lo suficiente como para hacer tus sueños realidad. Pero que siempre han estado ahí, esperándote, esperando a que cambiaras tu mirada, que decidieras elegirte, confiar en lo que eres, en lo que puedes, y darte el permiso de creer en ti, de apostar por ti y de hacerlos realidad.

No huyas de tus sombras por miedo a mirarlas,
no dejes de mirarte por miedo
a tus sombras.
♥

# Ama lo que eres

Amar solo se conjuga en incondicional.

En el budismo, el amor se vive desde la compasión. Una relación con el amor desde el respeto, la comprensión y el acompañamiento. Esta concepción es aplicable a las relaciones con los otros y a tu relación contigo. Amor bondadoso y compasivo (*maitri*) con una amistad incondicional hacia ti misma, amabilidad y escucha a tu propio sentir, y un *estoy aquí para ti* que jamás te hará sentir sola. Amando lo que eres. Amando también lo que no eres. Amando todo de ti, lo que está y lo que se va.

Porque el amor es cuando eres. Comienza cuando aceptas, asientes a lo que eres y te abres para abrazarte, acompañarte y apoyarte.

Aceptar lo que eres implica aceptar lo que sientes en cada momento.

Lo que estás sintiendo ahora. ¿Qué estás sintiendo ahora? Amarte implica sentir lo que eres y ser lo que sientes ahora.

*Eres todo lo que eres en el momento presente.*

Quizá tristeza. Quizá vacío. Quizá amor.

No huyas de tus sombras por miedo a mirarlas,

no dejes de mirarte por miedo a tus sombras.

Todo eso eres tú.

Nos refugiamos de la lluvia porque queremos sol.

Nos refugiamos del sol porque queremos lluvia.

Y eso mismo hacemos con nosotros.

*Aceptación es abrazar la tristeza cuando llega,*
*y despedirla cuando se va.*
*Sin forzar ni rechazar, amando lo que es, lo que trae*
*y lo que se va.*

Huyes de la tristeza, de la ira, de la decepción, porque no son sentimientos agradables para ti. Pero amarte a ti también es amar lo que eres, lo que estás sintiendo en este momento, lo que estás siendo en cada momento. Aceptación incondicional de lo que eres a cada instante. Observar, respirar, expandir, permitir y amar.

Aunque aún no hayas conseguido tu objetivo. Ni llegar a la meta. Ni cambiar eso que tanto querías. Aunque no hayas conseguido bajar de peso, aprender ese idioma o hablar en público sin ponerte nerviosa.

Aunque y además de eso, con eso y con todo,
así eres tú,
y mereces amar lo que eres en cada momento,
en la meta y en el camino,
y en cada paso,
cuando te caigas,
y cuando estés aprendiendo a volar.
Ama lo que ya eres,
para que seas capaz de ver lo que puedes llegar a ser.

*Amando lo que eres en cada instante;*
*así es como se aprende a amar sin condición.*

*Me amo, me acepto,*
*me apruebo y me respeto.*
*Amo a la persona*
*en la que me estoy*
*convirtiendo*
*en mi proceso de evolución.*
*Amo a la persona que SOY.*

Descubrí que amarme
era despertar a mí.
Abrir los ojos a lo que era
y apenas podía ver.
Cerrar los ojos a lo que creía que era
y que no me dejaba ver.
El camino siempre fue de vuelta.
El sentido siempre fue hacia dentro.
Quitar la venda de los ojos.
Mirar desde el corazón.
Al mundo.
Y a mí.
Desnudarme de lo que no era mío.
Soltar los miedos prestados.
Las opiniones vacías.
Los juicios crueles.
de los demás,
y de mí.
Y mirarme bonito.
Desde lo que soy.
Y desde lo que puedo llegar a ser.
Porque en cada persona hay magia
y dos verdades:
una que te destruye
y otra que te hace volar.
Y ahora solo sé que mis alas
son
mi mayor
verdad.

Yo soy todo.
Tú eres todo.
Y juntos
somos infinitos.
♥

# Del autoamor al amor

¿Cómo es tu relación con el amor? Conociendo cómo se ama una persona, también podemos saber cómo es su relación con el amor de otro.

Tiene sentido; cuando una persona se ama a sí misma, también aceptará que la amen.

Permitirás que te amen en la medida en la que te amas tú.

Pero no de cualquier manera; se alejará del amor tóxico o dependiente, no se conformará con menos de lo que merece y sabrá poner límites cuando no se sienta respetada. ¿Cómo te *has relacionado con el amor*? Hay veces en las que te has olvidado de ti para entregarte al otro. Otras, en las que apenas has dado nada de ti y solo has recibido. Otras en las que has sentido un equilibrio entre dar y recibir. Ahora puedes tomar consciencia de cómo te has amado, para saber cómo has dado y has recibido amor en una relación. Y en este momento presente, caminar.

De la dependencia a la libertad. Del amor tóxico al amor sano.

De esconderte tras el otro a brillar juntos. De olvidarte de ti a contar siempre contigo.

Tú importas. Tus necesidades importan. Tus sueños también. Y sí, es posible amar amándote, cuidar cuidándote y acompañar a otro en el camino de la vida en perfecto equilibrio, con amor consciente, sin necesitaros, eligiéndoos cada día para evolucionar.

El autoamor, el autocuidado, la valoración de ti misma son el primer paso para amar bien, para dejarte amar bien y para saber qué permites, qué quieres y qué mereces.

Según las investigaciones del biólogo Bruce Lipton, «la creencia *me amo a mí mismo* es una de las condiciones más importantes para experimentar con éxito el sentirse amado. Si uno no se ama a sí mismo, no puede asimilar que otros lo amen. Existen pruebas fisiológicas para evaluar esta influencia de la mente subconsciente». Por tanto, el camino del amor viene desde dentro, del *yo me amo* al *yo te amo*.

Solo desde ahí puedes construir relaciones plenas, sanas y equilibradas, en las que la libertad, el amor y el respeto sean los pilares fundamentales.

Si has tenido alguna vez una relación tóxica o desequilibrada, quizá te ayude analizar desde esta mirada cómo era tu relación contigo en ese momento. ¿Qué te faltaba? ¿Qué necesitabas de ti y no te dabas?, ¿qué pedías a tu pareja? Quizá desde estas reflexiones encuentres relación y sentido a lo que te pasó, que no refleja más que tu relación contigo en ese momento de tu vida. Hoy es otro momento diferente, y tú también eres diferente. Por eso hoy tienes la oportunidad de relacionarte diferente y de amar desde otro lugar. Desde un lugar de amor a ti, de merecimiento, de libertad, de no necesidad, de crecimiento y evolución conjunta, de amor sano y consciente. Desde esta mirada puedes elegir, ¿qué quieres que esté presente en tu relación actual o en la próxima relación? Haz tu lista de *must*; esos elementos que, desde una mirada de amor a ti, en la que te sientes completa y no necesitas que te completen, eliges compartir tu vida con alguien. Y vive tus relaciones desde ahí.

Esta es la mirada más sana para vivir una relación: una mirada de plenitud individual y de infinito en conjunto.

*Yo soy todo.*
*Tú eres todo.*
*Y juntos somos infinitos.*

Tienes la posibilidad de crear dentro de ti
un paraíso, el cielo, tu lugar de paz,
cada vez que quieras,
solo cuidando tu forma de pensar,
de sentir, de mirar.

# Cuida Todo lo que eres

Mientras escribo esto, suena *Devenire*, de Ludovico. Si tienes la oportunidad de ponerla en estos momentos, hazlo. Es parte de lo que quiero compartir contigo.

Autocuidado es aprender a cuidarte. En general y en particular.

Cuidarte por fuera, cuidarte por dentro, cuidar lo que te rodea. Asumir que tú eres la responsable de tu propio bienestar, y hacer todo lo que necesites para conseguirlo.

Cuando hablo de autocuidado, siempre me refiero a cuidarte en las tres áreas: corporal, espiritual y mental. Aprender a preguntarte qué necesitas y saber dártelo. Ser honesta contigo. Escucharte, sentirte, respetarte. Ser buena contigo, acogerte, atenderte y amarte. Cada persona se cuida de una forma diferente. Y también tú necesitarás cosas diferentes en cada momento.

Autocuidado es aprender a equilibrar las tres partes de tu ser.

- Cuidar tu mente: lo que piensas, lo que dejas que te afecte, a gestionar tus emociones, la forma en la que miras el mundo, cómo interpretas lo que pasa, qué pensamientos permites que habiten en tu mente cada día, cada segundo, porque eso que permites que se quede está creando tu realidad.

- Cuidar tu corazón, tu alma, tu ser. Dónde pones tu fe, en qué eliges creer, porque es lo que te permitirá crear. Conectarte con tu corazón, encontrar tu propósito, ese que es más grande que tú misma, y vivir desde ahí. Respirar. Meditar. Calmar las aguas de tu mente con el silencio de tu corazón. Conectarte con tu alma para alejarte de todo lo que no eres tú.
- Cuidar tu cuerpo. Descansar. Hacer ejercicio. Comer equilibradamente. Cuidar tu piel. Hacer yoga, mantener el equilibrio cuerpo-alma-mente. Cuidar tu cuerpo, que es tu templo.

Amar tu mundo interior. Cuidar lo que eliges, lo que haces, lo que te exiges. En palabras de Neville Goddard: «Ámate mas. Estás evolucionando, aprendiendo, sanando, creciendo, todo a la vez. Está a punto de volverse mágico para ti». Por tanto, tienes que darte la oportunidad de cuidarte, de atenderte y de crear dentro de ti el lugar en el que quieras quedarte.

Amplía tu mirada y deja de juzgarte para amarte más. Tienes la posibilidad de crear en ti un paraíso, el cielo, tu lugar de paz cada vez que quieras, cuidando tu cuerpo, tu alma, tu mente, protegiendo tu energía y elevando tu vibración hasta donde tú elijas. Alejándote de tus propios juicios, que generan en ti tu peor versión, te empequeñecen, y te hacen sentir insegura. Y la vibración que generas en ti con tus pensamientos, la proyectas en cada célula de tu cuerpo y en la creación de tu realidad. Por ello, cuidarte también es crear dentro de ti una experiencia interior llena de energía positiva y alta vibración, que se reflejará en cómo te sientes, las experiencias que vives y las personas que atraes a tu vida.

Ámate aunque hoy te ames menos, aunque te sientas culpable, triste, aunque sientas que has fallado, aunque te sientas sola. Ámate y quédate siempre contigo.

Cuidar lo que tienes alrededor. Tu casa. Tu orden, interno y externo. Cuidarte manteniendo cerca lo que te hace bien, aquello que eleva tu vibración y mejora tu energía. Alejando lo que te la quita. Amarte cuidándote. Protegiendo tu espacio interior y exterior. Amarte cuidando tu paz. Amar es cuidar.

El espejo refleja cómo eres, con tus juicios.
Mira más allá y busca el reflejo de tu alma.
Y luego,
enamórate de ti.

♥

# Mírate al espejo

Hace muchos años, conocí a una persona que, aun siendo más joven que yo, me enseñó mucho sobre la vida y sobre mí. En una conversación se dio cuenta de que cuando me decía lo maravillosa que era, yo bajaba la mirada y cambiaba de tema. En este instante me llevó ante un espejo. Se puso detrás de mí, y me hizo mirarme a los ojos. Me dijo: «¿Qué ves?». Me sorprendí de mí misma; apenas podía mirarme. Me levantó la cabeza, me hizo volver a mirarme y, mientras lo hacía, me dijo: «¿cómo puede ser que todo el mundo vea quién eres y tú no? Eres maravillosa, eres increíble, eres tú».

Ese episodio inesperado, informal, entre el juego y la terapia, ha sido una de esas vivencias que te cambian y se quedan contigo para siempre.

A la mayoría de las personas nos cuesta mirarnos al espejo. Es como mirarte sin mirarte porque sientes que estás en deuda contigo. Y te cuesta mirarte, te cuesta reconocerte, te cuesta aceptarte.

Y lo más difícil: mirarte amándote. Ese es el reto.

Khalil Gibran dijo una vez: «Conocí un segundo nacimiento, cuando mi alma y mi cuerpo se amaron y se casaron». Y es que cuando te encuentras en el espejo con tu cuerpo físico desde el amor que es tu alma, se produce la unión perfecta que te permite vivir en armonía. Aceptando, integrando y amando lo que eres, por fuera y por dentro.

En el espejo siempre vas a encontrar tu mayor aliada y tu mayor enemiga. Según desde dónde te mires, y cómo te mires, así (te) ves.

El espejo refleja lo que no quieres ver de ti. Refleja los sentimientos que tienes sobre ti misma, y en él te ves más desnuda que nunca. Louise Hay lo denominó «trabajo con el espejo», y es un proceso gradual por el que te vas encontrando contigo en el espejo. No es un día, ni todo a la vez; descubrirte, aceptarte y amarte es un proceso duro, doloroso, porque desempolva heridas y te desnuda delante de ti misma; pero es, sin duda, uno de los procesos más bonitos e impresionantes que puedes hacer contigo.

Hay personas que no lo necesitan, pues desde pequeñas les han enseñado a amarse como son, a amar lo que ven, lo que sienten y lo que creen. Si eres de esas personas, te invito a que tomes consciencia de lo afortunada que eres y des las gracias a tu familia y a todas las personas que han hecho eso contigo, también a ti misma.

Y también hay personas que lo necesitan, y lo necesitan mucho, porque los mensajes que recibieron de pequeñas les enseñaron lo contrario a amarse. Te invito a darles las gracias, porque también te han enseñado mucho. Agradéceles a ellos, y agradécete a ti, por todo lo que has aprendido, lo que has crecido, lo que has sufrido, porque todo es aprendizaje. Y ahora es el momento de cambiarlo, de contarte otra historia, de regalarte otra verdad.

*Mírate al espejo y regálate un Sí.*

Un sí me quiero. Sí me amo. Sí, me acepto como soy. Sí, me prometo respetarme, amarme, cuidarme y darme el valor que merezco. Sí, me perdono, me abrazo, y me amo también cuando no lo hago bien. Sí, ha llegado el momento de creer en mí, de apostar por mí, de darme mi lugar en el mundo y brillar. Sí, me regalo toda la confianza que necesito para apostar por mí, elegirme cada día y perseguir mis sueños.

Mírate al espejo cada día, desnuda de juicios, llena de amor y bondad hacia ti, contigo, regálate las palabras más bonitas cada día, tu mejor sonrisa, ponte bella para ti, y desde ese amor verdadero a ti, ya eres infinita.

Agradezco
mi camino,
ese que me ha traído hasta lo que soy
hoy,
y me abro a todo
lo que está
por venir.

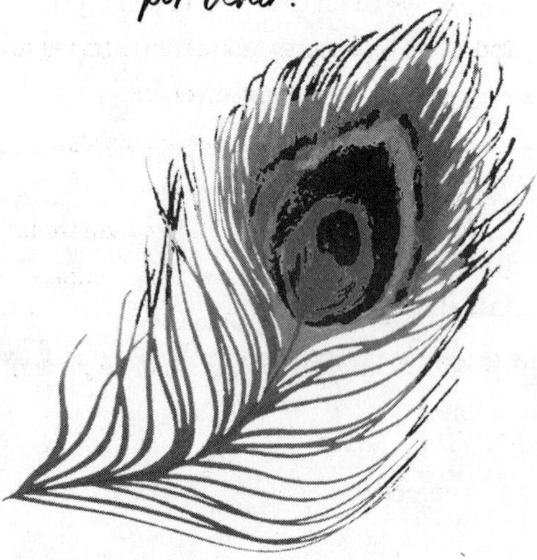

Ayer me miré al espejo
y vi algo diferente en mí.
¿Qué he aprendido en todo este tiempo?
De idas, venidas y dolor
–porque en cada aprendizaje,
siempre hay dolor–.
Algo en ti muere para que algo comience.
Y en medio del camino, aprendes.
Cuando algo no sale como tú querías.
Cuando no te quieren como has querido tú.
Cuando no te quieren como tú sigues queriendo.
O como no sabes querer
a quien te está queriendo a ti.
Todo trae aprendizaje, crecimiento, separación,
y también dolor.
Y hoy siento un aprendizaje
de mi camino:
Que estar conmigo no era tan malo.
Que no sabía; que nunca supe.
Que ahora sí.
Que he encontrado en mí el mejor lugar.
Mi casa.
Mi hogar.
Mi paz.

Cuando algo no ocurre
«como habíamos imaginado»,
lo llamamos error.

# Agradece

Decía Lao Tsé que «el agradecimiento es la memoria del corazón», quizá porque el corazón solo entiende de amor, lo demás no tiene espacio ahí. Agradecer es encontrar ese lugar dentro de ti donde todo es abundancia, magia y amor. Disminuye el miedo y la carencia y te conecta con lo más grande que tienes: la gratitud; y a la vez con la felicidad. La gratitud infinita es el estado natural de tu ser, y el camino para llegar a ella es silenciar a tu ego. Cuando agradeces, estás poniendo tu atención y tu energía en aquello que está, en lo que tienes, en lo que es, dejando de atender lo que no tienes, lo que no está, lo que no es. Y en lo que pones tu energía se expande. También en esa parte de ti. Sentir gratitud eleva tu vibración y te conecta con tu amor. Puedes aprender a agradecerlo todo; lo que está y lo que se fue.

Agradece lo que eres y lo que no eres. Lo que eras, lo que fuiste y lo que serás.

Lo que tienes, lo que tuviste, y lo que tendrás. Y lo que no, también. Porque todo tiene un sentido, un para qué, lo que llega y lo que se va. Agradece tu camino, haz las pqces con tu historia y agradece cada experiencia que viviste, aunque fuera dolorosa. Porque todo en la vida enseña si quieres aprender.

Agradecer es la expresión más grande de amor; de amor a ti, de amor a los demás, al universo, a la vida.

Agradecer nos hace grandes, nos conecta con la verdad del alma, con la grandeza del ser. Esa que aparece cuando despejas el miedo. Y solo queda amor.

Normalmente nos cuesta agradecer lo que tenemos y conseguimos (se nos olvida); puedes imaginar lo que nos cuesta agradecer lo que no tenemos y no conseguimos. De hecho, esta idea confronta directamente con nuestras creencias. ¿Cómo agradecer algo que no ha pasado? ¿Cómo agradecer a quien se ha marchado de mi vida o me ha hecho daño? ¿Cómo agradecer lo que no ha salido bien? He ahí el reto.

Estoy segura de que tienes algunas historias mágicas de esas de «y gracias a que eso ocurrió; aunque no era lo que quería, lo conseguí». La vida está llena de pruebas y señales que te gritan «confía» pero tu mente consciente (y controladora) se esfuerza mucho en llevarte por el camino del control y la expectativa. Y cuando algo no ocurre «como habías imaginado», lo llamas error. Quizá era así antes de que hubieses creado tu *película mental*.

Quizá tenía que ser así porque trae otra cosa para ti, simplemente diferente a lo que has pensado. Quizá la vida tiene sus planes y cuando no va por donde esperas, te decepciona.

Prueba a agradecer.

Agradece lo que te está pasando. Te guste o no.
Y luego, observa qué pasa en ti.

«Agradezco a aquellos que han herido o me han dañado porque han reforzado mi determinación. Agradezco a quienes me han abandonado, porque ellos me han enseñado a ser independiente. Agradezco a quienes me han hecho firme y decidido, porque me han ayudado acercarme a mis logros.» (Oración budista para la gratitud).

Agradecer es conectarte con la paz que vive en ti, con el pozo infinito de amor que vive debajo de tu miedo, de tu ego y de todo lo que te aleje de ti. Agradece tu camino y cada uno de lo que llamas *errores*, que en realidad son los grandes aprendizajes que te han traído hasta donde estás hoy. Agradecer tu camino es reconocer tu historia.

Reconocer tu historia es honrarte a ti.

*Me doy las gracias por todo*
*lo que he superado,*
*por las veces que me he*
*levantado y las veces que he*
*comenzado de nuevo.*
*Confio en mí.*
*Sé que puedo.*

A veces la vida te dice «espera».
Te sienta a un lado,
te muestra lo verdaderamente importante,
creando un caos,
rompiendo tus reglas,
tus formas, tus normas, tu verdad.
Te aleja de lo poco importante,
para acercarte a ese lugar
que tantas veces has olvidado:
Tú.

Agradece las rupturas,
el caos, el miedo, el no saber.
Agradece incluso lo que te hace daño,
el dolor,
la oscuridad,
el no-camino.
Confía en el desvío,
porque en ese nuevo camino
te encontrarás de verdad

contigo.

Amarte implica cuidar
lo que piensas de ti
y lo que te haces sentir.

# Detecta tus trampas

Si pudieras darte cuenta de todo lo que haces en contra de ti misma, probablemente creerías estar viendo una película de miedo.

Hacerte creer que no puedes, cuando puedes.

Hacerte sentir incapaz e insuficiente, cuando te sobra capacidad.

Decir no a los retos, cuando debes decir sí. Por miedo a hacerlo. A conseguirlo. A brillar. A superarte. No haces cosas, por miedo al éxito. No lo intentas, por miedo al fracaso. Autoengaños con la dieta, con el ejercicio, con el cuidado personal, con el éxito profesional. Y así, mucho más.

Todo esto tiene una palabra: *autoboicot o autosabotaje*; ser experta en ponerte limitaciones y trampas para no conseguir lo que quieres. Un reflejo de cómo eres de experta es tu propia vida.

Todos tenemos una parte de autoboicot dentro, que nos recuerda constantemente: «no puedes hacerlo», «no sirves para eso», o «eso no es para ti». Todos la tenemos, la cuestión es qué hacemos con ella. El reto está en aprender a identificar cuándo tu respuesta viene de ese intento de boicotear tu propio camino, y ese «darte cuenta» te llevará a asumir el riesgo. A decirte sí. A afrontar el miedo a lo desconocido para superarte y crecer. Porque sin riesgo, no hay avance, no hay crecimiento, no hay nada.

Para ganar hay que arriesgar, y para arriesgar hay que intentarlo.

He escuchado a artistas, escritoras, directivas, decir en voz alta: «alguna vez he sentido que estoy engañando al mundo. No tengo talento, soy menos de lo que ven en mi». Esta sensación de estar mintiendo, de que los demás no sean capaces de ver que en realidad no eres válida, se llama *Síndrome del impostor*. Tiene nombre porque le pasa a muchas más personas de las que puedes imaginar. Si te pasa, probablemente estás luchando constantemente con una sensación de estar mintiendo, de no ser válida, de que en algún momento alguien se dará cuenta de que no sabes hacerlo, de que no eres buena, y vivir en ese estado de incertidumbre no te hace bien. Respira.

Piensa que tu mente te está jugando una mala pasada. Amarte implica cuidar lo que piensas y lo que te haces sentir. Apóyate en tus experiencias, en todo lo que has vivido, en todo lo que te has formado, lo que has superado, y en tus valores, competencias, fortalezas y cualidades. Todo eso eres tú. Apóyate en tus recuerdos positivos, genérate confianza continuamente y mantente en zona de pensamientos de confianza y poder, porque solo desde ahí podrás crear, desarrollarte y apostar por ti.

Hay mucho que puedes seguir mejorando, que puedes seguir aprendiendo, creciendo y evolucionando. ¡Esa es la suerte! Conectarte con eso te mantendrá motivada para seguir desarrollándote profesionalmente. Pero también hay mucho en ti que está ahí y no puedes olvidar, mucho camino recorrido lleno de experiencias, superación y aprendizaje que te hacen ser perfectamente válida para tu profesión. No dejes que las trampas de tu mente rompan tu confianza, te hagan sentir insegura o te alejen de intentarlo. Detrás de tus propias trampas se esconde el miedo. La forma más fácil de detectar si estás en autoboicot, es el miedo. Si sientes miedo, es que no estás conectada a tu corazón, porque en tu corazón no hay espacio para el miedo, solo para ser tú, con tu esencia, tu propósito, y tu luz.

*Siempre es el momento de volver a conectarte con tu luz y permitirte brillar.*

¿Quieres sentirte invencible?
Aprende a creer en ti.
♥

# Tu valor está dentro de ti

Qué difícil se hace no escuchar lo que te dicen, a veces, y creer en ti. Vivimos escuchando constantemente mensajes sobre nuestro valor, que creemos, adquirimos e integramos en nuestra vida, como si fuesen la única verdad. De ahí nace tu autoestima, la valoración que haces de ti misma, y es evidente la influencia del contexto en cómo te ves, cómo te miras, cómo te quieres y qué consigues.

Hasta que dices basta.

Ya no más esperar a que alguien te recuerde lo que vales; ya lo sabes.

No más necesitar que alguien te diga que lo haces bien para creer en ti; cree en ti.

No más construir tu verdad con lo que escuchas de ti; ya sabes mirar dentro.

Es un regalo precioso que no nos cuentan, descubrir que solo tú puedes crear tu mundo interior, construir tu valor, creer en tu amor, y eso se aprende a veces tarde, a veces tras mucho sufrimiento, pero siempre a tiempo. Es como un camino que hay que recorrer para llegar a la cima; caminar sobre piedras, obstáculos, y cuestas (críticas exteriores), hasta que al final del camino te das cuenta de que todo podía haber sido más fácil, un camino sin obstáculos. Pero el regalo es el propio camino. Descubrirte a ti misma durante el camino es lo que te permite llegar a la cima. Y amarte tú.

*Porque tu mayor valor está dentro de ti.*

No importa lo que digan de ti, bueno o malo. Todo lo que escuchamos de los demás, no dejan de ser opiniones, juicios de valor y visiones subjetivas. Tienes que ser prudente cuando escuchas algo bueno de ti, y también cuando escuchas una crítica.

El reto siempre está en saber mantener el equilibrio, porque tu equilibrio es tu valor. ¿Cómo encontrar ese equilibrio dentro de ti?

- Conócete de verdad.
- Identifica tus puntos fuertes.
- Define el valor que aportas con lo que haces y cómo eres.
- Identifica también lo que aún te queda por desarrollar.
- Define cuánto y en qué necesitas que te apoyen los demás.
- Nunca dejes de aprender, de crecer y de cuestionar.

Todo el valor que identifiques dentro y clarifiques, se convertirá en confianza en ti misma, en seguridad y autoestima, y esos son tus mejores recursos para equilibrar los juicios externos, vengan de quien vengan.

Tu mayor recurso para gestionar la crítica externa es el autoconocimiento.

Cuanto más y mejor te conozcas, también aumentará tu autoestima, la confianza en ti misma y el amor a ti. Y, desde ahí, eres invencible. Las palabras externas solo serán eso, palabras, no flechas directas a la autoestima, como eran antes. Ahora puedes filtrar. Crece el amor a ti, la escucha interna, tu capacidad de cuestionar todo lo que te llega, y baja el ruido externo y la influencia de la opinión de los demás en tu vida.

Ese es el regalo que se descubre cuando llegas a la cima. Pero a la cima no se puede llegar sin el camino de piedras y obstáculos.

Por eso abraza cada una de las experiencias que te han traído al lugar en el que estás hoy.

Las experiencias son tus piedras, y la cima es tu regalo: justo donde has llegado.

Si sientes amor, ilusión y entusiasmo,
estás viviendo desde tu poder.
Si sientes que te estás perdiendo,
estás viviendo
desconectada
de tu poder.

♥

# Conéctate a tu poder personal

Estás llena de poder, y casi no eres capaz de verlo.

**El poder de tu corazón** guía tu camino, dirige tus pasos, y hasta que no aprendes a escucharlo, vives desconectada de ti.

**El poder de tu intuición** está siempre contigo, hablándote, susurrándote el camino, pero hasta que no aprendes a escucharla, vives eligiendo «lo adecuado», pero no lo mejor para ti.

**El poder de tu confianza** está en ti, pero lo tienes dormido, en silencio, esperando a que alguien lo despierte, para permitirte la grandeza que te regala el confiar en ti.

**El poder de tus sueños** se manifiesta cada noche, revelándote lo que eres, lo que eras, lo que amas; y mientras sigas pensando que todo es un sueño, nada cambiará.

**El poder de tu sensibilidad** te acompaña en cada sentir, en cada escucha, en cada contacto con otro ser. Te conecta con una parte elevada de ti que rechazas porque no controlas, te hace vulnerable, abierta a sentir, abierta a sufrir. Abrázala.

**El poder de creer en ti** se esconde cada vez que te dices no, y crece cada vez que te dices sí. Está en ti, esperando a que te mires con ojos de grandeza para poder demostrarte que si tú crees, el mundo cree.

**El poder de tu calma** para darte paz en medio del caos. Tienes el poder de crear tu propio mundo, tu propia paz, no importa lo que pase fuera. Para crear tu paz y vivir la calma, mira dentro. Para vivir el caos, sentir la tormenta, mira fuera.

**El poder de elegir lo que piensas,** lo que crees, lo que sientes, lo que haces. No eres víctima, ahora puedes elegir cada pensamiento que está en tu mente; darle la bienvenida y permitirle quedarse, o darle las gracias e invitarlo a irse.

**El poder de sentir tu cuerpo,** de escuchar su voz, de dejar que te hable y te muestre su verdad. Vives desconectada de tu cuerpo, no escuchas sus mensajes porque no crees que te pueda hablar. El cuerpo habla. El cuerpo siente, el cuerpo responde a lo que sientes. Escúchalo y atiende lo que necesita.

**El poder de amar.** El poder de amarte. El poder del amor, ese que todo lo transforma, empezando por ti. Te hace infinita, te conecta con tu alma, con tu ser, y te hace amarlo todo. La vida, la naturaleza, el amor. Ese poder que desconocemos por creer conocerlo, por quedarnos con lo que parece, con lo que dicen, con lo que no es. El amor es infinito, es desde dentro, te conecta con tu alma y con el alma del otro. Se le llama incondicional porque es generoso, entregado, sin condiciones, solo cabe amor. Hacia otro, pero primero hacia ti. Ese es tu poder. Amarte para amar.

**El poder de brillar.** De mostrar tu brillo al mundo, de compartir lo que eres, lo que tienes, lo que has venido a hacer, porque tu brillo recordará su brillo a los demás. No has venido a esconderte, has venido a encontrar tu música y a compartirla con el mundo. Brilla, y el mundo brillará contigo.

*Conéctate con cada uno de los poderes que viven en ti, ábrete a ellos, ábrete a ti, y vive cada día de tu vida la magia de ser tú.*

Ámate desnuda de máscaras,
con toda tu verdad.
Ese amor todo lo puede.
♥

# Ámate incondicionalmente

La relación que tienes contigo misma es la relación más complicada que tendrás en tu vida, porque siempre tienes que estar contigo. Pero es justo donde más tienes que trabajar para estar bien, porque siempre vas a estar contigo. Perdonarte cada error, tratarte bien, entenderte, amar cada defecto, aprender a amarte, incluso cuando no sepas cómo. Se llama amor incondicional.

Decía Krishnamurti, que «en el momento en el que tengas en tu corazón esa cosa extraordinaria llamada amor y sientas la profundidad, la alegría y el éxtasis que proviene de él, descubrirás que para ti el mundo se ha transformado». Transformar tu mirada, y desde ahí, el mundo. Regálate experimentar el amor incondicional que eres.

*Amar tus defectos*, esos que casi nadie ve, pero te inundan cada vez que te miras. La realidad está en tu mirada, y el regalo más bonito que puedes hacerte es mirarte desde el amor, con amor. Te lo debes.

*Perdonarte cada error*, los de antes, y los de ahora, perdonando cada decisión que tomaste con tus ojos de ayer y que tu corazón de ahora tiene que abrazar. Perdonar te libera, y todo el espacio de culpa y rencor que se quedará vacío, se llenará de amor.

*Amar lo que* es. Amar lo que eres. Amar lo que sientes, incluso cuando no lo entiendas. Quizá es más fácil. Simplemente ama. Simplemente sé tú. Simplemente ama lo que eres, lo que eras y lo que serás. Siempre.

*Amar tu cuerpo*, aunque no puedas mirarlo. Hay personas que viven en el rechazo constante, por nacer en un cuerpo que no le representa, no se identifican, no son ellos, ellas. El reto está en aprender a amarte como eres, con lo que tienes, con lo que eres, y desde esa aceptación nace un amor incondicional que eleva tu poder. Cuando crece tu poder, el rechazo duele menos, porque el amor y la aceptación pesan más.

*Amarte sin condiciones*. Sin juicios. Sin miedos. Amarte cuando no sepas amarte. Aceptando todo de ti. Porque la aceptación es el camino del amor, y el amor es el camino hacia ti misma. Tú eres todo lo que has estado buscando todo este tiempo.

*Amate incluso cuando no te ames*, cuando sientas que no puedas amarte porque hiciste algo que no te gusta. Ahí más. Perdónate. Porque hay veces en las que el mundo te deja sola, y solo te tienes a ti misma. No te des la espalda, aprende a perdonarte, a aprender de lo que ha pasado, a alejarte de lo que no quieres para ti, y a amarte desnuda de máscaras, con toda tu verdad. Ese amor todo lo puede.

No importa si lo consigues o no. Si llegas. Si lo superas. Si ganas. Si te eligen. Si apruebas. Si te ascienden. Si todo lo contrario. No importa, porque siempre estarás contigo.

Recuerda mirar a los ojos de esa niña que vive en ti y decirle muchas veces «te amo, siempre estaré contigo».

Es lo que ella necesita escuchar, lo que siempre ha necesitado escuchar. De ti. Porque el amor incondicional es para siempre, sin importar lo que pase fuera, si hay tormenta, rechazo, miedos, crítica o negación, siempre mantiene la calma del amor en medio de la tormenta, del respeto en medio de la crítica, del apoyo en medio del rechazo, del quedarte contigo cuando nadie está.

Ámate y serás libre, porque nadie tiene poder ante una persona que se ama a sí misma.

*Soy luz y amor.*
*El amor incondicional fluye en mí*
*y se transmite*
*en todo lo que hago,*
*en todo lo que amo,*
*en todo lo que soy.*

Incondicional eres tú cuando te quedas contigo mientras
nadie lo hace.
Cuando el mundo cambia y unos vienen y
otros se van. Una y otra vez.
Nadie te necesita tanto como tú
dándote la mano cuando te caes,
incondicionalmente,
con amor, en silencio,
incluso cuando no puedes entenderte.
Observas las tormentas mientras te quedas contigo.
Nunca antes lo habías sentido.
Amor verdadero. Sincero. Incondicional.
La vida era eso; te estabas esperando.

Y si sientes algo, siéntelo.
Lo que sientes, es.

## Conéctate con el poder de tu intuición

Quien me conoce me dice que soy muy intuitiva. Ahora lo sé, lo siento y vivo desde ahí, pero no siempre ha sido así. Antes estaba cerrada a mi propio poder, tanto que cuando mi intuición me hablaba, no la escuchaba (aunque la sentía). Recoge UCDM: «Hay muchas respuestas que ya has recibido, pero que aún no has oído». Y es así; algo en ti te dice que no, pero lo haces. Todo tu cuerpo te lleva a un lado, y tú vas a otro. La presencia de alguien genera en ti una sensación incómoda, y no te haces caso. Más bien al contrario; te sientes mal por tu propia reacción, por sentir lo que sientes. Hasta que un día comienzas a abrir la escucha hacia dentro, a descubrir en ti un poder sabio, un conocimiento de lo que es o lo que será, sin saber de donde viene. Lejos de la lógica y la razón, empiezas a escucharlo, a escucharte, y a medida que suceden los acontecimientos y vas viendo resultados, entiendes que el camino perfecto lo dicta el corazón. Que la intuición es el alma hablando. Como si volvieras a conectarte con esa parte de ti que una vez fue tu lenguaje, tu vínculo, y con el tiempo habías olvidado. Cuando escuchas a tu intuición, todo fluye, todo parece conectado, te sientes conectada contigo, sientes que te escuchas, te respetas y te das tu lugar.

*Porque tu intuición es ese canal de sabiduría que conecta tu conocimiento con tu sensibilidad, tu experiencia actual con tus recuerdos, tu escucha exterior con tu escucha interior, y desde ahí, te habla.*

Como si te hablara el universo. Tu alma. Tu fuente. Y te dice dónde, cuándo y con quién, hacia dónde no ir, qué no hacer y qué crear, como una sabiduría directa desde tu corazón a tu cuerpo. ¿Cómo comenzar a escuchar a tu intuición?

Ábrete a ti. A nuevas formas de conectarte contigo y de descubrirte.

Crea espacios de calma, medita, crea silencio donde puedas escuchar a tu interior

La intuición viene más del sentir que del pensar; por ello, siente más que piensa.

Escucha todo y todas las formas en las que se expresa: sensaciones, formas, emociones, vellos de punta, mariposas en el estómago, nervios.

Decía Osho que «cuando el alma funciona espontáneamente, se le llama intuición». Y añadía: «Escucha tu interior, porque aunque no lo creas, te está dando pistas continuamente». Porque tu intuición siempre está ahí, susurrándote. Mostrándote el camino.

Ayudándote en tus decisiones. Cuidando tus conexiones. Solo tienes que escuchar.

*Amarte es aprender a darle lugar a tu sabiduría interior y a escuchar su voz.*

Aun cuando no la creas, dale espacio. Cuando no la entiendas o no sepas qué te quiere decir. Ya lo aprenderás. Ensayo y error, autoindagación y autodescubrimiento son los caminos para conectarte con ella. Conéctate con tu guía interior, con tu intuición, y poco a poco entrarás en conexión con tu universo interior, más sabio, más sutil, más sensible y más conectado que tu propia mente, y con más información para poner a tu disposición. Conectarte con tu intuición es escucharte y dar espacio a lo que tu corazón te dice.

Cuando quieras escuchar tu alma,
siente.

## Cuida tu mente y siente tu alma

Dentro del amor por ti, está también cuidar lo que quieras que viva en tu mente y lo que ya no te sirve. Cómo te tratas por dentro, los pensamientos que dejas que se queden, dónde te enfocas, porque ahí estás poniendo tu energía; cómo cuidas lo que piensas. Todo importa. Todo influye en ti. Tu mente se llenará de pensamientos continuamente, algunos conscientes, la mayoría inconscientes, pero tú puedes elegir cuáles dejas que se queden en ti y a cuáles les abres la puerta para dejarlos salir. Como recoge UCDM, «cuando lo único que desees sea amor, no verás nada más». Seguirán llegando siempre, pensamientos buenos y otros menos buenos, pero a algunos los puedes acoger en tu casa y a otros abrirles puertas y ventanas para que te dejen en paz. Porque cuidar tu paz es la manera más bonita de amarte. Y hay algunos caminos que te llevarán a ella:

♥ **El poder de la no-expectativa:** Vivir la experiencia de lo que pasa y no quedarte en lo que esperabas que pasara y no ha pasado. Vives en la expectativa cuando te sientes decepcionada o te estás resistiendo a lo que es. Cuando prefieres vivir lo que tenías pensado que lo que realmente pasa.

Todo eso es tu imaginación. Cuando sufres, cuando te aferras a un pensamiento *de lo que debería ser*, te haces daño por imponer tu expectativa a la realidad. La única clave es aceptar lo que pasa y aprender a nadar con las olas de lo inesperado. Viviendo el cambio. Siendo el cambio. Fluir, no forzar.

♥ **Sentir más que pensar.** Cuando quieras escuchar tu alma, siente. Cuando quieras conectarte contigo, siente. Cuando quieras escuchar la sabiduría que tu corazón, siente. Encuentra momentos para silenciar tu mente, creando el espacio para que tu alma hable. El silencio siempre será tu lugar de encuentro, contigo.

♥ **No eres lo que te dicen.** Limpia tu mente de todos los mensajes repetidos que te han ido contando a lo largo de tu vida. Son solo etiquetas, proyecciones, juicios, opiniones. Tu única verdad eres tú. Tu grandeza está en tu interior, en todo lo que eres, aunque no lo puedas ver. Todo lo demás son solo palabras que te han regalado, a veces con amor y otras con veneno, que han llenado tu mente de todo lo que se supone que eres tú. No eres lo que te dicen, eres lo que sientes en tu corazón, cuando te desnudas de miedos y te llenas de amor por ti.

♥ **Suelta, confía, ama.** Soltar implica saber que nada es tuyo. Que nada es permanente: ni lo bueno, ni lo menos bueno. Que todo pasa. Que aunque no quieras que algo cambie, lo hará. Que nada se queda. Que confiar te hace libre. Que amar es el único sentido. Que siempre estamos aprendiendo a soltar, a confiar y a amar. Que cuando sueltas, confías y amas, tu mente desaparece y deja espacio a tu alma para que viva desde la paz, el equilibrio y el amor.

Calma tu mente para escuchar, sentir y vivir desde tu alma. Tu estado natural. Alejándote de tus miedos y abriendo por completo tu corazón. Porque, como recoge Deepak Chopra, «cuanto menos abres tu corazón a otros, más sufre tu corazón». Y estamos aquí para explorar, descubrirnos, evolucionar y amar.

Para elevar tu vibración,
simplemente ama.
♥

# Eleva tu vibración, eleva tu amor

La vibración del universo es el amor. Si tú eres el universo, tu vibración es el amor.

Hablar de energía creadora, potenciadora, tu mejor yo, tu estado natural del ser, el equilibrio de tu alma, la energía que mueve el mundo, es hablar de amor.

*Para elevar tu vibración, simplemente ama.*

Ámate a ti. Ama tu mundo. Ama tu pasado. Ama tu camino. Ama tu vida tal y como es. Ama lo que quieres ser, lo que quieres tener, lo que quieres encontrar. Ama lo que ves. Ama lo que sientes. Ámate a ti a través del otro. Ama al otro a través de ti. El amor es el lenguaje de tu alma, tu lugar de paz, tu fortaleza, tu energía creadora, la forma en la que tu alma se manifiesta, se multiplica, se hace infinita.

*El amor no elige. El amor no se siente. El amor es.*

Hay quien piensa que quien se ama a sí mismo, se está eligiendo sobre los demás, algo así como «o te amas tú o amas al mundo». Amar nunca es elegir. Es justamente lo contrario: amar es expandir. Un amor no excluye al otro. El amor lo llena todo. Desde el amor a ti, amar el mundo, a la vida y a los demás.

Puedes creer en ti, y a la vez, creer en los demás. De la misma manera, puedes amarte a ti, y a la vez, amar a los demás, tener pareja o vivir una relación de amor preciosa.

Cuando leemos o escuchamos mensajes de amor propio, a veces siento que se dicen desde el despecho, el miedo o la soledad. Es posible que lo que cambie es la intención, *desde donde* se dice. Nada que venga del miedo, del odio o de la dependencia emocional, será bueno, acertado o constructivo.

Cuando decimos «ámate», «cuídate» o «nunca te olvides de ti», lo decimos desde el más puro amor; amor sano, amor a ti, como parte de lo que ya eres pero se te ha olvidado; y de ahí, amar al otro. Por tanto, he aquí una distinción básica:

—No es lo que dices, es desde dónde lo dices.

—No es lo que sientes, es desde dónde lo sientes.

Cuando dices «me amo», recuerda decir esas palabras desde el amor, y no desde el miedo a estar sola, o desde el despecho porque sientes que no han sabido amarte.

Cuando sientes amor, asegúrate de que sientes amor verdadero, incondicional, sano, y no un amor que viene del miedo a la soledad, de la dependencia emocional, de la necesidad de que te quieran porque no sabes quererte tú. Porque nada que venga de ahí será bueno. La vibración con la que sientas, atraerá la misma vibración.

El amor nace y se vive puro, ilimitado, infinito, sin condiciones, en libertad.

Y siempre debe empezar por ti: amor sano, infinito, ilimitado e incondicional a ti misma. No hay otro camino; no hay otra verdad.

Y desde ahí, amar a otro/a: cuando decimos que el primer amor es el amor propio, es un amor con un espacio infinito en el que cabe un mundo entero y, por supuesto, otra persona. Porque el amor es así: entero, completo, infinito, generoso y lleno de ti. Cuando le falta algo de eso, llora, tiembla, se rompe, o acaba contigo. Es su forma de decirte «por aquí no es», y que puedas verlo.

A veces antes, a veces después, pero siempre a tiempo.

*Ámate a ti misma y ama al mundo a través de ti. Es el verdadero lenguaje de tu alma.*

Tu vida refleja
cuánto estás creyendo en ti.

♥

# Cree en ti

Creer en ti misma posiblemente sea como ese vaso que se va llenando con cuentagotas, con más agua fuera que dentro, por todas las veces que has dejado de hacerlo. Cada persona tiene su vaso según el cuidado que haya tenido llenándolo; unas veces más, otras menos. Y el resultado lo puedes ver cada día, en tu propia vida.

Según cómo afrontas tus retos, cómo te ves a ti misma ante lo que quieres conseguir, cómo te relacionas con el éxito y el error, con la adversidad y el cambio; todo ello refleja cuánto estás creyendo en ti.

Hay personas que lo pierden todo. La vida tiene muchas formas de ayudarte a cambiar de dirección, de reconectarte con tu corazón, con tu propósito, y, a veces, las formas son bruscas, con grandes rupturas, y lo llamamos *crisis*. No es coincidencia que en algunos idiomas *crisis* se traduzca como *oportunidad*. Oportunidad de cuestionarte, de replantearte el camino, de redireccionar, de volver a empezar.

Cuando la vida te pone delante de una situación como esa, en la que te deja sin nada, solo te tienes a ti.

Quizá te estén resonando muy adentro estas palabras, puede que lo hayas vivido, lo estés viviendo ahora o lo sientas muy cerca. Cuando esto ocurre, la vida te desnuda de todo lo que no tenía que estar, te desnuda del ego que supone el «tener», para solo «ser». Y desde ahí, volver a empezar. O continuar, pero diferente, llena de aprendizajes y experiencia, pero también de miedos, de incertidumbre, y de pasado.

En ese momento solo te tienes a ti.

*Tú, delante de nada, para poder crear todo.*

Y el primer paso siempre es creer en ti. Porque cuando crees en ti, te haces grande frente a la adversidad. No importa lo grande que parezca el obstáculo o lo difícil que sea lo que está pasando: siempre que creas en ti, todo será menos grande, menos difícil, y elegirás apostar por ti y creer en tus recursos personales para afrontar de la mejor forma lo que esté sucediendo. Nada cambia fuera sin que cambie dentro de ti primero; la forma en la que te mires tú, te ayudará a sentirte fuerte, suficiente y capaz, para afrontar lo que pasa.

*Creer en ti es una mirada de grandeza a tu propio ser, a tu propia capacidad, tus cualidades, fortalezas y ganas, para dar un paso adelante y conquistar tus sueños, superar obstáculos y volver a empezar.*

Porque siempre que te tengas a ti, puedes comenzar de nuevo.

Porque siempre que te mires como lo que puedes llegar a ser, te estás ayudando a crecer.

Porque siempre que te mires desde tu poder, desde tus fortalezas y desde tu capacidad, te haces más fuerte.

Y cuando te ves fuerte, lo difícil se vuelve más sencillo, y lo más grande se hace pequeño. En palabras del poeta sufí Rumi: «Cree en ti mismo. Lo que te duele, te bendice. La oscuridad es tu candela. Tus límites son tu búsqueda». Porque todo está en tu mirada, en la mirada de creer en ti misma como forma de amor, de respeto a tu historia y de admiración por cada obstáculo superado en el camino. Te lo debes.

*Me amo, creo en mí*
*y creo en mi capacidad*
*para crear la vida*
*que quiero y merezco.*
*No importa cuántos*
*miedos me cueste.*

Me acompaño.
Me acompaño cuando mi soledad me llama.
Cuando nadie en el mundo es suficiente,
porque siento que no me tengo
a mí.
Me busco y no me encuentro.
Solo veo distancia.
Historias que me he contado para no estar conmigo.
Porque me daba miedo mirarme
y no encontrar lo que creía que era.
La que creía que era.
Recorto esa distancia con amor.
Me digo «todo está bien», para recordarme
que esa que veo también soy yo.
Más bella, menos perfecta, pero más de verdad.
No puedo mirar lo que hice ayer con los ojos de hoy;
no es justo.
Pero puedo mirar lo que soy con los ojos de hoy.
Los de una mujer que se ha roto mil veces
y ha vuelto a empezar mil más,
una y otra vez,
sin saber para qué
pero sí cómo:

creyendo en sí misma.

No necesitas ser nada
porque ya eres todo.

# Exígete menos. Ámate más

Trabajar horas ilimitadas para sentir que tienes valor. Estar al 100 % en cada área de tu vida para sentir que lo estás haciendo bien. No decepcionar. Estar a la altura. Estar, llegar, entregar, dar. Demasiada exigencia para demostrarte algo que no necesitas, porque todo lo que quieres que vean de ti, y que tú misma veas de ti, ya lo eres.

¿Te imaginas cómo sería amarte más y exigirte menos? Quizá sentirías más paz, menos presión, más amor, menos miedo.

Porque cuando tu exigencia es alta, tu miedo a fracasar también lo es.

Y te alejas de intentarlo, y, por tanto, de conseguirlo. Y sin darte cuenta dejas de creer en ti; por tanto, detrás de la alta exigencia a veces está la necesidad de conseguirlo para *autovalorarte* (*autoestima*). Recuerda que no necesitas validación externa de tu capacidad, de tu talento, de tu valor. Si cierras los ojos y te encuentras contigo, puedes ver que estás completa. Necesitas tu propia aprobación, tu tiempo, tu apoyo, tu luz, tu amor, para estar feliz y sentirte plena y en armonía. Y desde ahí, crecer.

El amor todo lo cura; hasta la mirada.

El reto está en exigirte para crecer, pero con límites.

La exigencia desmesurada te hace estar en continua deuda contigo. Es una sensación dura sentir que nunca llegas, que siempre te debes algo, que nunca eres suficiente.

Detrás hay una necesidad de ser perfecta, de hacerlo perfecto, que tiene mucho que ver con una baja autoestima. «Necesito hacerlo perfecto para sentirme valiosa». «Necesito hacer mucho y ser muy útil para los demás, para sentirme válida para mí misma». Y muchas otras afirmaciones parecidas que se esconden detrás de lo que te exiges a ti misma. De lo que te dices. Y de lo que crees.

Y quiero decirte que el camino es el inverso.

No necesitas ser nada, porque ya eres todo.

No necesitas ser perfecta para ser maravillosa, porque ya lo eres, ni tampoco necesitas hacerlo todo perfecto para que te quieran, porque quien te quiere, te quiere así. Despeinada. Imperfecta. A veces rota. A veces triste. A veces feliz. Pero con algo maravilloso que te hace única: siendo tú.

*Incorporar la compasión en tu mirada, te hace más bonita.*

Donde pones amor, pones comprensión, pones respeto y pones cuidado. Y donde hay todo eso, no hay lugar para la exigencia desmesurada, sin amor ni cuidado a ti misma, a cómo te estás sintiendo cuando se te olvida preguntarte. Aprender a poner límites sanos a tus propios hábitos, a tu entrega, al cuidado a los demás, hacia tu trabajo, tus relaciones, olvidándote de ti, se llama *autoabandono*. Y esto solo se cura con amor, cuidado y atención a ti y a lo que tú necesitas.

Cuando te das cuenta del daño que te haces a ti misma exigiéndote tanto, y bajas el nivel de exigencia, el amor sube.

Es como una balanza: cuando sube uno, baja otro, y tú estás eligiendo constantemente en qué parte pones el peso en cada momento de tu vida. Es el momento de amarte tú, cuidando tus límites, entregándote a lo que hagas, pero sin olvidarte de ti, cuidando tus relaciones, pero cuidando también de lo que necesitas tú. De amarte más y exigirte menos. De ser feliz mientras descubres que ya eres todo.

En los finales te rompes,
y en los principios
te vuelves
a crear.

♥

## *Tienes que morir muchas veces para volver a empezar*

Si miras atrás, es probable que puedas decir cuántas veces has sentido que has muerto en esta vida y has vuelto a renacer. En esos momentos, pierdes una vida que ya no tienes y eres capaz de sentir en ti el dolor, la pérdida y el duelo que hay que vivir. Hay quien lo hace cada día de una forma espiritual, sintiendo cada día como una nueva oportunidad de volver a empezar, como si el ayer ya no contara, porque cada día es un nuevo hoy. Pero, en la vida, cada ciclo que termina da comienzo a un nuevo tú, a una nueva oportunidad de volver a empezar algo, de hacerlo diferente, de ser diferente.

Es lo más bonito del cambio: que ocurre, quieras o no.

En mi vida he muerto muchas veces, algunas más fuerte que otras. Se vive como una muerte real, trae dolor, tristeza por algo que se pierde, duelo por lo que ya no está, con negación y rechazo, hasta que llega la aceptación y la evolución.

Si lo miras bien, es el mismo patrón del cambio.

*Y es precisamente esa vivencia la que más nos enseña, la que más nos transforma y la que más nos hace reencontrarnos con nosotros mismos, porque en nuestro interior siempre encontramos el refugio ante el dolor.*

En el amor.

En la tormenta exterior encontramos el amor interior. Como recoge el Tao: «Aprende a confiar en lo que está ocurriendo. Si hay silencio, déjalo aumentar, algo surgirá. Si hay tormenta, déjala rugir, se calmará». Y así, en los finales nos perdemos, y creando los nuevos principios, nos encontramos. Todo eso es la vida mostrándote el camino. Es en medio del caos donde descubrirás tu verdad y tu verdadero amor por ti.

Romper esquemas, romper patrones establecidos, soltar creencias inconscientes, elegir, volver a elegir, poner nuevos objetivos, tener nuevos sueños... es lo que le da sentido a la vida. De hecho, es la vida en sí misma. Todo lo que vaya en contra de eso, va en contra de la vida. Cuando te encuentras arraigada a algo y te resistes a soltarlo, no quieres aceptar el cambio, no tienes ilusiones ni objetivos para crecer y evolucionar, estás caminando en dirección contraria a la vida, es decir, de ti.

*Suelta lo que no puedes controlar; ahí está tu paz.*

Aceptar el cambio. Aceptar la evolución natural de las cosas. Soltar lo incontrolable. Las expectativas. Aceptar la impermanencia de lo que es, de lo que está y de quien está. Y la tuya propia. Solo desde ahí puedes vivir con la ilusión de lo que está pero no se queda, el aquí y ahora, y saborear lo que tienes en cada instante.

Amarte implica evolucionar, crecer, aprender a soltar, reconocer tus sombras y abrazarlas, permitirte las caídas, los ciclos que terminan, las personas que se van, que te vayas tú, porque todo eso te permite volver a empezar.

*La vida es un regalo lleno de primeras veces, de nuevos intentos de hacerlo diferente, de ser diferente, de sentir diferente, de crear nuevos caminos, nuevas formas y un nuevo tú.*

De conocer nuevas personas, puertas que se abren para que algunas salgan y otras entren, y tu camino es aceptar, sentir, soltar, agradecer, fluir y evolucionar. Todo lo que hagas en contra de lo que pasa te aleja de tu camino y te aleja de ti.

Tu camino es el resultado
de muchos pasos a ciegas
para tus ojos,
pero elegidos
por tu
corazón.

## Tu pasado ya no eres tú

O sí. Tú eliges qué historia se queda contigo. Quizá es hora de hacer las paces con tu historia. Dice la poeta hindú Rupi Kaur que «para sanar tienes que llegar a la raíz de la herida y besarla de principio a fin». Pues así con tu vida. Solo se cura cuando la amas.

Hay una parte de tu pasado de la que cuando aprendes lo que te regaló, puedes elegir dejar atrás, soltar o contártela diferente. Qué bonito eso de poder contártela de otra manera, que se haga recuerdo, que te ayude a integrar, a no rechazar, a que ya no duela tanto. Y aun así hay pasados que puedes elegir soltar. Lo que crees que no te salió bien. El daño. Las heridas. Lo que no has podido comprender. La persona que se alejó sin palabras. Quien no supo valorarte. Quien conoció una parte de ti y no supo ver la otra. La misma persona con muchas caras. La misma situación en diferentes momentos. Vida que parecen muchas vidas. Todo eso es parte de ti, pero ya no eres tú. Todo eso te sirvió para aprender, para reflejar algo de ti, evolucionar, crecer. Maestros en forma de personas, de vivencias, de experiencias, para que aprendas algo que tenías que aprender. Y una vez te lo traen, se van. O te vas tú.

*Lo vives. Lo sientes. Aprendes. Y lo dejas ir.*

Hay pasados que una tiene que aprender a soltar para poder seguir siendo.

Y hay pasados en los que tendrías que quedarte a vivir.

Pasados que tienes que traer al presente, y que se queden siempre contigo. Son las experiencias de ayer, que te ayudaron a llegar donde estás hoy. Las veces que te levantaste aun cuando creías que no tenías fuerzas. Las veces en las que saltaste obstáculos que no te dejaban avanzar, y al intentarlo, aprendiste a volar. Las veces en las que aprendiste a creer en ti, en tu poder interior, en tu fuerza para superar lo que te dolía, para dejar atrás lo que te hacía daño, para alejarte de lo que ya no tenía que estar. En tu fuerza. En ti.

Ese pasado no se puede olvidar. Lo tienes que llevar contigo, por bandera, orgullosa de quien eres y del camino que has recorrido hasta llegar aquí, ahora, a ti.

Ese pasado se merece un mapa de recuerdos, fotos y frases que te recuerden diariamente cada uno de tus pasos, que, cuando lo mires, te recuerde que alguna vez pudiste, que muchas veces lo conseguiste, y que siempre que tú quieras, será así.

Lo digo porque otras veces olvidas tu camino. Tus pasos, tus logros, dudando de ti.

No recuerdas tu grandeza, tu fuerza cuando no sabías caminar pero volabas, cuando no lo sabías hacer pero lo conseguiste. Creyendo en ti. Confiando en ti. En tu capacidad, en tu poder, en tus sueños.

Cierra los ojos. Recuérdate cada uno de esos pasos, cada una de las huellas que has dejado al mundo, pequeña, silenciosa, pero llena de amor, a veces de dudas, otras de determinación, pero en tu camino has aprendido que solo tú eliges cuándo, eliges cómo, eliges con quién. Que tu camino es el resultado de muchos pasos a ciegas para tus ojos, pero elegidos por tu corazón.

*Que tu mapa está lleno de camino, pasos, paradas, piedras, y que cada uno de ellos te han traído hasta la mujer que eres hoy.*

A todo gracias, a todos gracias, porque desde hoy puedes elegir qué parte de tu camino se queda en recuerdo y qué pasos forman el mapa de tu vida.

Tu pasado ya no eres tú. Tu pasado solo es parte del camino,

*y tú eres*
*infinita*

Tu sexualidad siempre te está esperando,
para cuando estés preparada para
escuchar y disfrutar.

♥

## Ama y disfruta de tu cuerpo

Conocerte también implica un viaje de conexión y autodescubrimiento con tu cuerpo. Saber qué sientes, qué te gusta, que necesitas, qué te hace disfrutar, es un paso más en tu camino de autodescubrimiento, y por supuesto, de autoamor. Porque eres un ser completo, integral, y necesitas atender a todos y cada uno de tus planos para que el proceso de autoconocimiento sea completo. Por tanto, tu mirada tendría que ser una mirada integral y equilibrada a todas las partes de tu ser. Y a tu sexualidad y cómo la vives, también.

La sexualidad es algo natural en ti. Algo que traes, algo que eres. Tener salud sexual o una sexualidad sana, es tener bienestar. Y solo desde ahí podrás crecer, creer en ti y vivir desde tu poder. Conocerte te permitirá empoderarte y sentirte más segura.

*Porque conectarte con tu sexualidad sana y consciente es aprender a vivir desde tu fuerza, tu magia, tu intuición y creatividad, desde tu placer y desde tu amor.*

Y disfrutar y vivir tu cuerpo. Desde dentro. Sintiéndote y entregándote a lo que sientes. Vivir de una forma sana tu sexualidad, te ayuda en tu proceso de autoaceptación y, por tanto, de autoamor. ¿Qué ves cuando te miras? ¿Cómo te ves como mujer? En la medida en la que te ames y te aceptes, así de sana y placentera será tu relación con otros, no importa cómo seas, ni cómo sea tu cuerpo. El amor siempre está en tu mirada, y la aceptación también. Y, a veces, el camino es inverso; a través de tu relación con otros, del contacto íntimo desde el respeto, la admiración y el amor, te muestra tu esencia a los ojos del otro, y esa mirada externa te enseña a mirarte a ti misma desde ahí.

*Muchas veces has vivido tu sexualidad desde el rechazo, y nadie te enseña a vivirla desde el amor y desde la aceptación.*

Hemos heredado una forma de vivir la sexualidad alejada del placer femenino, quizá más centrada en la necesidad masculina, y en tu proceso de autoamor es necesario que cuestiones cómo estás viviendo tu sexualidad y tus relaciones sexuales y cómo las quieres vivir. Sin miedo. Con amor. Afirmando la mujer sexual que vive en ti. Con sus necesidades y deseos, y con su forma de revolucionar el mundo desde ahí. Tu sexualidad siempre te está esperando, para cuando estés preparada para escuchar y disfrutar. Decía Christiane Nothrup que «la mejor herencia de una madre a una hija es haberse sanado como mujer». Pues uno de los retos de nuestra sanación como mujeres es permitirnos disfrutar y explorar sin culpa. Regalarte el permiso de conectarte con tu cuerpo, de explorar, de sentir, de disfrutar, de sentirte agradecida y afortunada de vivir tu sexualidad como tú elijas.

Toma el control de tu vida sexual. Lo mereces, es bueno y es normal.

- Siéntete segura en tu cuerpo, que es tu universo.
- Permítete el placer, el disfrute y el juego.
- Explora cada rincón de tu cuerpo para conocer cómo sientes.
- Comparte tu sexualidad y vívela sola. Todo está bien.
- Descubre qué te gusta y cómo responde tu cuerpo al placer.
- Acepta y vive la plenitud de cada mujer que vive en ti en cada fase de tu ciclo.
- Pide lo que necesites en cada momento a la persona que tenga relación contigo.

*Recuerda que permitirte disfrutar es una preciosa forma de demostrarte el amor a ti.*

El mundo no siempre está preparado
para un corazón como el tuyo.
♥

# Amarte cuando sientes demasiado

Sentir demasiado duele. Cuando no sabes que sientes demasiado, sufres. Y sufrir por sentir duele más.

Todo es consecuencia de no conocerte, de no darte cuenta, de no saber que eres especial. Porque cuando sientes demasiado, eres especial. Tu cuerpo refleja lo que tu corazón no sabe gestionar. Tu cuerpo siente todo lo que tú no sabes sentir. Todo lo que pasa retumba en tu interior con un eco eterno que a veces se hace insostenible. Lo que duele, a ti te duele más. A veces se puede ver el dolor en tus ojos, y la memoria de tu cuerpo te recuerda el daño que aún permanece, hasta que aprendes a hacerle lugar en tu vida y a vivir con ello. No todo el mundo sabe vivir sintiendo demasiado, por eso

*sentir demasiado es de valientes.*

Valiente es el que afronta su vida como es. Porque nadie te enseña cómo gestionar lo que duele ni lo que duele mucho. Porque sentir demasiado es sentir intenso, profundo y de verdad, con cada parte de tu cuerpo, de tu alma y de tu ser.

*A veces puedes sentir que el mundo no está preparado para un corazón como el tuyo.*

Un corazón capaz de conectar con el amor de los demás, que a veces se queda a vivir en una mirada, o capaz de llevarse en su cuerpo el dolor del otro para que sufra menos.

Porque cuando sientes demasiado, a veces necesitas apagar el ruido del mundo para escucharte a ti. Y silenciar todo para que duela menos. Y encontrarte contigo cuando te pierdes. Y a veces, muchas veces, (re)conocerte en medio del dolor, de la tristeza, de la ruptura, y reconocer que esa también eres tu. La que siente que no encaja en el mundo porque siente demasiado. La que tarda en gestionar emociones porque a veces le impactan demasiado. La que necesita tiempo sola para volver a equilibrarse.

Quizá has pasado la mayor parte de tu vida escondiendo lo que sientes.

Has aprendido a rechazarte antes que a comprenderte. A esconderte antes que a observarte. A quedarte con las etiquetas de débil o sensible antes que a descubrir qué te hace diferente. Y especial. Y también única. Porque quizá no te lo han dicho, pero nadie va a admirar la belleza como la ves tú, en todas partes, en cada cosa, disfrutando con el placer de mirar lo bello que te rodea. Y pocas personas tienen la capacidad de asomarse al alma cuando miran a los ojos, como lo haces tú. O de sentir, de ser sentidas, de conectar con los demás, de crear desde lo más profundo de tu alma, como lo haces tú. Tu música es el corazón y tu letra tus actos, y cada uno va impregnado de la esencia de una persona que siente mucho porque tiene el corazón de cristal. Lleno de amor y de magia; y tu reto es aprender a cuidarlo, a amarlo y a amarte a ti misma siendo así.

La vida te ha demostrado que rechazarte ya no te sirve. Porque has descubierto que eres especial por sentir demasiado, no defectuosa. Y desde ahí, descubrir en ti el universo de posibilidades que te regala el conectarte con tu sensibilidad, con la mirada conectada a tu alma, con la intuición guiando tus pasos, con tu conexión mágica con los demás, y también con la vida. Porque eres sensibilidad, fortaleza, superación, adaptación y fuerza. Eres fuerte aunque te hayan dicho lo contrario. Has vivido adaptándote a un mundo que muchas veces no entendía de emociones, ni de lágrimas, y aquí estás, aprendiendo a mirarte con otros ojos para amarte más. Se llama PAS, alta sensibilidad o sentir demasiado. Si así eres tú, solo AMA LO QUE SIENTES.

Si no te paras y te cuestionas, vives repitiendo lo que te han dicho que tienes que hacer, sin preguntarte si es lo que de verdad quieres.

## Tu éxito será lo que Tú quieras que sea

La palabra éxito muchas veces gobierna tu vida y probablemente no has pensado realmente lo que significa para ti. Si no te paras y te cuestionas, vives repitiendo lo que te han dicho que tienes que hacer, sin preguntarte si es lo que de verdad quieres.

La palabra éxito viene del latín, *exitus*, y significa *salida o resultado*. Y efectivamente, muchas veces el supuesto éxito es la salida hacia un resultado diferente porque cuando llegas allí, no hay nada. Has crecido escuchando qué es el éxito, qué es lo adecuado, lo normal, lo mejor, y desde muy pronto creas la imagen de lo que debes ser en tu vida para tener éxito. Ajena a ti, cuando te acercas o llegas a esa imagen deseada, y puedes sentir el vacío y la falta de conexión contigo, descubres que no era ahí. Nada era ahí. Y aunque a veces sientes que ya es tarde, nunca lo es;

siempre estás a tiempo de comenzar de nuevo,
de cuestionar tu camino, de conectarte con tu verdad,
de soñar y de caminar hacia tu verdadero éxito;
eso que te hace feliz.

Para ello es importante pararte. Aquí, ahora, donde estás. Y pregúntate hacia dónde estás caminando, si el destino al que te diriges es realmente tuyo o alguien te lo ha prestado. Porque sí; a veces nos prestan miedos, verdades y sueños. Y nunca funciona.

Lo único que funciona es tu verdad. Y esa verdad viene de muy dentro de ti, y solo conectándote con ella podrás descubrir quién eres, qué quieres y hacia dónde te diriges. Sentir coherencia con lo que eres, lo que sientes y lo que haces, y seguir creciendo o cambiar de dirección. No tienes miedo al cambio; tienes miedo a la ausencia de metas. Si descubres que tus sueños no eran tuyos, descubre qué sueñas, qué quieres, y regálate la oportunidad que mereces. Quédate con tus sueños.

*No podrás llamar éxito a llegar al lugar que otros habían elegido para ti. Éxito es estar donde quieres estar.*

En el camino de tu vida, descubrirás que el éxito no es un lugar al que llegar o una meta que conseguir; tiene más que ver con una sensación interna de paz, un estado de calma interior y coherencia que pocas personas alcanzan. De sentir equilibrio en todas las áreas de tu vida que sean importantes para ti. Tiene que ver con sentir que te estás desarrollando profesionalmente, que vives conectada a tu sentido de vida o propósito, y que actúas de forma coherente con él. Vivir con la sensación de estar creciendo y aprendiendo cada día, de tener relaciones sanas y coherentes que te aporten la calidad de apoyo social que necesitas. Vivir con integridad. Sentir libertad y que puedes decidir.

El éxito no estaba allí, en lo que te habían contado. Está en ti, en lo que a ti te llena, te hace feliz y te da paz interior y equilibrio. Si sientes que tienes éxito con una vida calmada y familiar, y ahí eres feliz y te sientes desarrollada, está bien. Si sientes que eres feliz en una vida con más peso en lo profesional, y que para ti el éxito está ahí, también está bien. Amarte es respetarte, y respetarte es conocerte. Conocer lo que necesitas, lo que quieres, lo que te hace feliz, y vivir en coherencia con ello; y sobre todo, en coherencia contigo.

Permítete establecer tu destino para crear tu propio camino y recuerda que no hay meta a la que llegar, solo disfrutar de tus pasos.

Para amarte de verdad,
es necesario que ames
de verdad a esa niña
que vive en ti que se siente perdida.
♥

# Ama a tu niña interior

Llevas tanto tiempo sin verla que a veces sientes que ya no está. Pero siempre está contigo. Esa niña que un día fuiste, que nunca creció, y se quedó a vivir en ti. En tu camino dejaste de jugar, de explorar, de arriesgarte, de admirar, y ya no recuerdas lo que es vivir sin preocuparte. Ella se quedó ahí, esperando a que le hicieras espacio en tu vida, encontrando momentos para estar con ella, para dejarla aflorar en ti.

Reír a carcajadas sin fin. Admirar cada cosa que ves como si fuera la primera vez. La espontaneidad. Jugar y convertirte en niña. Disfrutar, reír, saltar. Alegría. Esa es la emoción más bonita que te sigue vinculando a ella.

*La alegría te recuerda la niña que vive en ti. Cuando te permites la alegría, te permites ser esa niña y vivir desde ahí.*

De ella te has traído muchas cosas que ahora viven en ti. Tus heridas. Cuando sientes abandono, rechazo, o que alguien no te está eligiendo. Cuando te aíslas del mundo. Cuando no te sientes comprendida. No sentirte bien contigo misma. No sentirte suficiente. Lo que te genera inseguridad o tristeza también viene de ahí, de tus patrones familiares, de cómo te relacionabas con tus personas de referencia (mamá y papá), y lo no sanado sigue viviendo en ti. Los mensajes recibidos en tu infancia suelen ser más de *obligaciones y deberías* que de amor, y creces sintiéndote inadecuada, insuficiente, y rechazando muchas partes de ti misma. Pero como recogía el filósofo Jean Paul Sartre, «no importa lo que nos hacen, lo que importa es lo que hacemos con lo que han hecho de nosotros». Por ello es tu elección y tu responsabilidad a partir de hoy sanar y cuidarte como te gustaría que lo hubieran hecho contigo.

Como recoge la preciosa Louise Hay, «tengas la edad que tengas, hay en tu interior una pequeña que necesita amor y aceptación. Si eres una mujer, por muy independiente que seas, tienes en tu interior a una niña muy vulnerable que necesita ayuda». Tu niña interior necesita saber que estás ahí con ella, que la estás cuidando, que la estás amando. Ya no necesita que nadie la quiera, solo que la quieras y la ames tú. Por eso, dile «te amo» todas las veces que necesites, para que ella sepa que siempre estarás a su lado.

Tu niña interior representa el ser emocional que somos, y cuidar y atender a esa niña, es atender tu parte emocional; esencial para cuidar tu relación con el mundo. Es el momento de volver a conectarte con ella, si aún no lo has hecho. Sanar tu relación con ella, te ayudará a comprenderte, a liberar bloqueos emocionales y a resolver conflictos internos, a conectar con tu verdadero ser.

*Hay una parte de esa niña que fuiste que sigue herida, y la herida solo se sana con amor.*

- Recuerda a tu niña interior varias veces al día. Acuérdate de que vive en ti.
- En tus relaciones, intenta mirar al niño que hay dentro de cada persona, y te ayudará a entenderla mejor (sus necesidades, carencias, demandas).
- Abraza a tu niña siempre que lo necesites. Dile alguna palabra de amor como «estoy contigo» y te ayudará a recordarte que ya nunca más estarás sola.
- Realiza alguna meditación específica (al final del libro te he dejado una).
- Mira una foto de tu niña, hazle preguntas y cuídala desde el amor.
- Escribe cómo se siente tu niña, con tu mano no dominante. Es mágico.

Abraza a tu niña interior
y ámate como nadie
nunca lo hizo.

## Abraza las heridas de tu niña interior

Todo lo que eres hoy, viene de lo que fuiste ayer. En el camino has soltado unas cosas y has transformado otras. Pero lo que nunca te cuentan es que la mayoría de las heridas emocionales que tienes en tu vida hoy, vienen de tu niña. Las heridas están ahí, provocando reacciones automáticas y espontáneas, a las que tú misma no sabes cómo ni por qué estás reaccionando así. En esos momentos es cuando más tienes que comprenderte, entenderte y estar contigo. Y, desde hoy, abrazar las heridas que viven en esa parte de niña en tu interior y que te hacen sentir así.

*Esas heridas nacen en tu infancia, cuando lo que necesitas emocionalmente y lo que te dan no coinciden.*

Es muy fácil que todos tengamos esas heridas en nuestro interior. En ese vacío, nacen tus inseguridades, tus miedos, tu falta de autovaloración, de autoamor; también los celos, el perfeccionismo, la necesidad de control, y probablemente todo eso que, cuando miras en ti, no te gusta. Solo al tomar conciencia de la presencia de esa herida la podrás sanar. Solo se sana cuidando, amando y poniendo luz. Al sanarlas, podrás sentir la armonía, el amor y la seguridad que ahora sientes que te faltan.

Si nadie te ha enseñado a conectarte con tu niña, la rechazas. La niegas, la callas o no la escuchas. El silencio se vuelve cómplice de lo que no estás preparada para entender. Hasta que dices basta, hasta que dices hola a tu niña interior. Y entonces la integras, la escuchas, la atiendes, le das espacio y empiezas a amarla como nunca nadie lo hizo. Y desde ese amor lleno de aceptación y comprensión, crecéis juntas. Y desde ahí tu relación contigo y con el mundo se transforma, porque tú te transformas primero.

- Encuéntrate con ella. Es el momento.
- Toma conciencia de qué heridas viven en esa parte de ti. Ponle luz.
- Acepta lo que es. Dale espacio y voz a lo que tu niña siente. Es el momento de mirar y aprender a sentir.
- Todo está bien. Lo que siente está bien. Es su (tu) vivencia, no la realidad. Valida lo que sientes, no lo niegues.
- Comprende el sentimiento que permanece. Soledad, abandono, vergüenza, miedo, ira, culpa, tristeza, frustración, pena. Es el momento de gritarlo. Hablar cura y callar mata.
- Al darle espacio al sentimiento, lo puedes transformar en amor. Solo desde ahí te permitirás vivir en equilibrio y armonía.

- Para que el amor sea, el perdón a quien te cuidaba también debe ser. Comprende que cada uno lo hace lo mejor que sabe en cada momento. Perdónalo. Y perdónate.

Abrazar tus heridas de niña y de adolescente te va a permitir sanar todas esas partes de ti que te impiden relacionarte desde el amor y la confianza. A veces, existen experiencias de abandono, abuso, soledad o daño. Otras veces no hay nada traumático; pero no es lo que pasa, sino cómo vives lo que pasa. Una infancia sana puede no ser vivida como tal por un niño. Y nace la herida. La relación con tus padres, con tus hijos, las relaciones afectivas, todo está coloreado con las gafas de tu mirada, de tus heridas, de tu niña interior. Conectarte con ella, descubrir qué siente, transformar y sanar, es el camino para transformar tus gafas, tu mundo interior, y desde ahí tus relaciones. Cuando ella sienta felicidad, confianza y amor, vivirás desde ahí.

*Abraza tus heridas y ama a tu niña.*

«Parte de tu amor,
tu paz y compasión,
y después,
ámalo todo».
Ram Dass

# Ámate para amar al mundo

Cuando te amas a ti, amas al mundo, y desde ahí puedes sentir cómo eres parte de un todo y vives en conexión con el universo; la esencia misma de la vida.

Por mucho que te hayan contado, solo desde el amor pleno e incondicional a ti puedes amar al mundo de la misma manera. Nadie puede dar lo que no tiene; por tanto, el camino siempre es de ti hacia los demás. Tiene sentido; solo cuando te amas, te respetas y te cuidas, eliges con consciencia las experiencias que quieres crear a tu alrededor y de qué quieres alejarte o separarte porque ya no te aportan.

Cuando vivas en tu interior desde el amor, la bondad, la paz y el equilibrio, serás creadora de eso mismo en tu exterior. Se llama armonía: eres parte de ese todo y vives en conexión con la esencia misma de la vida. Paz, calma, plenitud, equilibrio, amor. Lo que es dentro, es fuera. Mirarás la vida de la manera en la que te mires tú. Sentirás la vida de la manera en la que sientas tú. Ser bondadosa y compasiva contigo misma modifica la química de tu cerebro, y te conecta con un mejor tú, y con el mundo. Cuando te respetas a ti misma, respetas a la vida, a los demás, al universo, y vives conectado con ellos. Hay magia en vivir conectada con el mundo; puedes sentir cómo *todo es uno*. Se le llama compasión a sentir una conexión espiritual y emocional con el otro, que nos lleva a hacernos cargo de su sufrimiento. Por eso decía el Dalai Lama que «el problema básico de la humanidad es la falta de compasión» y que «solucionando ese, podríamos esperar días más felices». La compasión se vive como un corazón que acoge a otro corazón, que te hace dar lo mejor de ti misma para ayudar a los demás, con humildad, cercanía y amor. Este sentimiento te hace más sensible, humana y generosa con las personas que te rodean, y contigo misma. Sentir compasión hace más bonito y humano el mundo.

Los budistas dicen que para poder tener compasión por el mundo y por los demás, es necesario sentir primero esa compasión por uno mismo; autocompasión. Y una forma de compasión es practicar *tonglen*, una práctica budista que te lleva a conectar con el sufrimiento de otros y con el tuyo propio. En lugar de alejarte del dolor o darle la espalda, que es lo que hacemos habitualmente, consiste en mirarlo de frente y curarlo con amor. Tan fácil como inhalar y exhalar; inhala el miedo, el dolor y el sufrimiento de alguien y exhala enviándole amor, calma y liberación de ese sufrimiento. Me parece una práctica preciosa para conectarte con el mundo desde tu amor, ya que

al enviar paz, calma y amor a otros, también te lo estás dando a ti.

Hay una meditación preciosa que se llama *metta bhavanna*, basada en el amor a nosotras mismas y a los demás. Se trata de cultivar el amor y las emociones positivas en ti y en los demás. El primer paso siempre eres tú misma; desearte amor, calma, liberación, paz y amor, y desde ahí, al mundo. Son 5 fases, y el orden sería: yo misma, una persona que amo, una persona neutra, una persona con la que yo esté en conflicto y el mundo con el que estoy conectada. Comenzaría así, y de ahí a las 5 fases.

Que yo esté bien. Que yo esté sana.
Que yo esté feliz. Que yo esté libre de sufrimiento.

Recuerda que el amor que das al mundo primero vive en ti. Empieza el amor por ti.

Estoy lista para esto.

# 55+1 Estoy lista para esto

Las creencias determinan nuestro presente y también nuestro futuro. Decía Neale Donald Walsh *que «tu vida es siempre el resultado de tus pensamientos acerca de ella»*. Y acerca de ti. Si entendemos que lo que pensamos crea nuestro sentido de dirección, un pensamiento determina tus pasos. Si ese pensamiento es positivo y te lleva a la acción, tus pasos te llevarán al éxito o, al menos, a intentarlo. Si ese pensamiento es negativo, te llevará al bloqueo, a no intentarlo, y por supuesto, a no conseguirlo.

Sí, es tremendamente increíble el poder que puede tener un pensamiento sobre ti. Entonces, cuida lo que crees de ti, cuida lo que piensas, las palabras que te dices cada día, en cada momento, y así podrás tener más *control* sobre lo que haces, asegurándote de caminar por un camino de sueños, potencialidad y reto constante para crecer y evolucionar. Si te descuidas, tu mente te llevará por el camino de lo seguro, que se cruza con la calle del miedo, con paradas en las excusas, las críticas y los juicios, que solo quieren hacerte pequeña para que no lo intentes.

*Y continuamente estás decidiendo qué camino elegir. Qué palabras decirte. Qué voz escuchar.*

Hace unos meses, en Perú, tuve una sesión con una coach muy especial, y me regaló una frase que siempre llevo conmigo. Me dijo que sentía que venía para mí algo muy grande, un reto que traspasaba los límites de mi país y el alcance de lo que ahora hacía. Que no sintiera miedo, que mirara dentro de mí con la certeza de estar preparada, y entonces me regaló una frase para cuando sintiera vértigo ante el reto, cuando sintiera miedo o cuando perdiera mi confianza. La frase era:

*Estoy lista para esto.*

Palabras; son palabras, pero palabras poderosas que reducen el miedo y aumentan tus ganas de volar.

Hay palabras que, aunque solo parezcan palabras, están llenas de poder, de fuerza, de significado, y tienen la capacidad de conectarse con lo más grande que tiene el ser humano: la fe.

*Y, desde ahí, todo lo puede.*

Palabras que hoy te regalo también a ti, para que las uses cuando lo necesites, cuando sientas que algo te queda grande, cuando te falte seguridad, certeza o predisposición.

Porque estás lista para esto.

Estás lista para todo lo que quieras hacer.

Para cuidarte. Para amarte. Para permitirte ser tú.

Para compartirte con el mundo. Para reconectarte con tus alas y comenzar a volar. Para sentir. Para equivocarte una y otra vez mientras sigues caminando.

Para entregarte. Para comenzar de nuevo, una y otra vez.

Para mirarte al espejo y decir *te amo*.

Para aceptarte desde el amor más incondicional.

Para sentir el amor más grande e infinito que has sentido nunca por ti.

Estás lista para esto.

Para todo.

Y por fin,

para ti.

...y cuando menos te lo esperas,

Tú.

♥

Todo es un maestro.

Una situación. Una persona. Un cambio.

Todo viene a enseñarte algo.

Todo trae un mensaje para ti.

Autoamor es aprender a recibir el mensaje sin importar quién sea el maestro.

Acéptalo, y dale las gracias.

A veces el maestro se queda, a veces se va.

Pero el mayor regalo te lo han hecho al traerte el conflicto, el cambio,

o al recordarte una herida no sanada.

Porque el mayor regalo se llama aprendizaje.

Y tu respuesta debe ser la gratitud.

Transformar lo que puedas transformar.

Aceptar lo que tengas que aceptar.

Cierra los ojos.

Quédate contigo.

Reconoce el mensaje.

Agradece al maestro.

Y sana.

♥

Solo desde tu mayor oscuridad puedes
empezar a brillar.

## ¿Por dónde empiezo a quererme?

- Descubre quien tiene tu poder. Recupéralo. Vuelve a tu centro.
- Descubre las heridas emocionales que pueden vivir en ti.
- Haz la rueda del autoamor y descubre a qué tienes que atender más.
- Descubre más de ti aplicando la ley del espejo en tu vida.
- Utiliza los mantras que encontrarás a continuación, cada día.
- Haz las meditaciones de autoamor de este libro.
- Apúntate al reto #99díasdeautoamor.
- Encuentra ese lugar de amor en ti y enfócate ahí.
- Perdónate lo que nunca te has perdonado.
- Mírate como miras a alguien que amas.
- Nunca te compares. Eres única y diferente. Todos los somos.
- Acepta lo que eres, lo que sientes, lo que te gusta y lo que no.
- Trátate con respeto.
- Ten paciencia contigo, cuídate.
- Háblate como le hablas a alguien que quieres.
- Abrázate cada vez que te necesites.
- Dale las gracias a tu cuerpo y a ti cada vez que superes algo.

- Celebra cada pequeño avance.
- Aléjate de lo que te haga daño.
- Piensa bonito, protege tu mente de pensar mal.
- Cuida tu corazón, tu paz es tu mejor regalo.
- Protege tus sueños y camina hacia ellos.
- Ama lo que haces y haz lo que amas.
- Sé luz para ti y comparte tu luz con los demás.
- Reconoce tus cualidades y fortalezas.
- Escucha a tu intuición, tiene mucho que decirte.
- Respeta quien eres, cómo eres y lo que haces.
- Date lo que mereces.
- Di lo que sientes, pide lo que quieres.
- Crea tu espacio de paz, donde te sientas bien.
- Sueña, permítete soñar y respeta tus sueños.
- Crea la calma dentro de ti mediante tus pensamientos.
- Haz algo que te guste; cada día.
- Piensa bonito para sentir bonito.
- ...
- ...

(termina la lista a tu gusto)

# Herramientas para el autoamor

Descubrir,

Poner luz

Comprensión

Aceptación

Autoamor

Amor

## Herramientas para conocerte más y amarte

Siempre decimos que el autoconocimiento es un proceso que no termina nunca, porque cada día cambiamos, crecemos y evolucionamos; y con el autoamor pasa lo mismo. Es un proceso que puede comenzar cualquier día, con una simple decisión, y cada día crece un poco más porque te comprendes un poco más, te aceptas un poco más y te amas un poco más. Y así, van creciendo las raíces de tu árbol hacia dentro, conectándose, tomando tierra y fortaleciéndose a cada instante, para florecer con más fuerza hacia fuera, conectándose con los demás y viviendo en plenitud.

Pero ¿cómo hacerlo? A menudo, cuando tomamos la decisión de conseguir o de cambiar algo, no sabemos cómo hacerlo. Por ello, quiero compartir aquí contigo algunas herramientas que puedan servirte de apoyo, ayuda, luz o guía en tu proceso de autoamor. Si el autoamor fuera un camino de diez pasos, esto que te facilito aquí sería un primer paso; por tanto tómalo como el comienzo de un camino que espero sea retador, motivador e iluminador.

Comparto contigo algunas herramientas de creación propia, como la *Rueda del autoamor* o tu *best selflove* que espero que te ayuden y te gusten. Y te menciono otras que para mí han sido bastante clarificadoras en mi camino de autodescubrimiento y autoamor, y espero que te aporten ese *ajá* que te ayuda a comprenderte y amarte más. Te hablo de las *5 heridas de la infancia,* de conocer tu energía masculina y femenina, de la *Ley del Espejo* y de los *9 eneatipos del Eneagrama.* No puedo profundizar en ellas, pero te las presento para que profundices si son relevantes para ti y te ayuden en tu objetivo. De momento, pretendo que lo que te muestro aquí te ayude a:

- Identificar las heridas que viven en ti, para comprenderte mejor desde tu herida y amarte más.
- Conocer cómo se manifiestan en ti las energías masculina y femenina, y cómo puedes equilibrarlas.
- Descubrir cómo tus relaciones te muestran lo que hay en ti, y conocerte a través de los demás con la Ley del espejo.
- Descubrir cuál de los 9 eneatipos se identifica más contigo, y comprender por qué actúas así cuando estás

centrada/descentrada y cuál es tu camino de desarrollo.

Solo podrás amar lo que puedas comprender.

Ese es el camino y a la vez el reto: conocerte más para comprenderte mejor, y amarte incondicionalmente. Y el inicio siempre es el mismo: *el autodescubrimiento,* conocerte, descubrir cosas de ti que te hagan comprenderte mejor. El camino de autoconocimiento lleva toda una vida. Hay herramientas muy reveladoras para algunas personas, que no lo son para otras. Permitirte conocer, probar y explorar es la clave para llegar a ti. Para mí todo es una herramienta: un curso, una conversación, un libro; porque todo me permite ver algo de mí. Si no sabes por dónde empezar, algunas más genéricas pueden ser:

- Las sesiones de psicología para conocerte y profundizar en ti y sanar heridas.
- Los procesos de coaching para enfocarte, avanzar y crear plan de acción hacia tus objetivos.
- Descubrir el eneagrama para conocer tu eneatipo y tu camino de desarrollo.
- La ley del espejo y cómo tus relaciones te ayudan a conocerte más.

- Las constelaciones familiares para conocer el impacto sistémico familiar en ti y tú
- La meditación y el yoga para conectarte contigo y eliminar el ruido externo.
- El diagrama lunar para conocer tu ciclo biológico y (re)conocerte y aceptarte en todas tus fases.
- Todo lo que te ayude a descubrirte y poner el foco en áreas de desarrollo.

Además de recomendarte la ayuda profesional de un psicólogo y/o coach en función de lo que necesites trabajar, quiero compartir contigo tres de estas herramientas que me ayudan en mi proceso de autoconocimiento y, sobre todo, a comprenderme para amarme, y a la vez, a comprender a los demás.

*Conocer las heridas emocionales a través de las que nos relacionamos con el mundo, descubrir el Eneagrama y reflexionar sobre la Ley del espejo.*

Algo muy importante que quiero que tengas en cuenta: las herramientas solo son eso, herramientas. Un vehículo (poderoso) que te lleva de un lugar a otro. Lo más importante en este caso es cómo es tu relación contigo y cómo quieres que sea. Y además, y como complemento, puedes usar las herramientas para descubrir más de ti y seguir profundizando en tu océano infinito de magia para conocerlo mejor.

Comparto contigo además meditaciones, mantras y reflexiones que espero que te hagan conectarte contigo y te ayuden a transitar el camino de vuelta al amor que ya eres. Paso a paso. Letra a letra. Con el corazón firme y las alas grandes. Comenzamos.

*El autoamor no es un destino, es un camino que creas día a día con cada uno de tus actos, tus pensamientos, tus sentimientos y tu mirada.*

Amarte desde tus heridas
es amarte desde tu verdad.

Amar tus heridas
es amar tu verdad.

## ¿Cómo puede ayudarte a amarte conocer «Las cinco heridas emocionales»?

He recibido un mensaje de una lectora, y lo he entendido como una señal para hablar de esto en el libro. Me decía : «Siento si te molesto, pero he leído todos tus libros y no consigo cambiar. Sigo sintiéndome rechazada, infravalorada e inferior a mi pareja y a los demás. ¿Cómo podría cambiar eso? Gracias por todo lo que haces por el». Sin pensarlo dos veces le he contestado: «Eso tiene más que ver con un tema de heridas emocionales, solo desde ahí vas a poder conocerte y descubrir qué hay en ti desde tu herida para poder sanar». Y entonces he recordado cómo lo descubrí y lo sané yo. Y la importancia que tuvo para mí reconocer mis heridas para poder amarme. Y por ello quiero hablarte de eso (te recomiendo leer a Lise Bourbeau para saber más).

Todos tenemos heridas emocionales que tenemos que sanar. Vienen de la infancia, hay quien dice que de otras vidas, según sus creencias religiosas o espirituales, pero eso da igual; lo importante es que son, están en ti, en mí, y en cada una de las personas de una forma diferente. Las heridas emocionales son como pinceles que le dan color a una situación que no la tiene. Una situación básica, clara y cotidiana, como que dos amigas queden a tomar algo de forma circunstancial y no te hayan avisado, en sí misma no tiene color. Puede que se hayan encontrado por casualidad, que hayan coincidido en su descanso o que hayan quedado días antes. En sí misma, no tiene un color concreto, y tú la coloreas con tu pincel. Si tu herida emocional predominante es la del abandono, tu forma de interpretar lo que pasa es pintando la situación como un abandono, una exclusión, con pensamientos del tipo «no han contado conmigo, me han dejado sola». Esa interpretación de la realidad según tu color (heridas) desencadenará una serie de emociones, estados, reacciones y actuaciones que más que ver con lo que pasa, tiene que ver con tu interpretación de lo que pasa, desde tu herida. No es lo que pasa, es esa interpretación de lo que pasa lo que te genera el sufrimiento.

*Aprender a identificar tus heridas,*
*te ayudará a conocerte*
*y comprenderte, y solo ese*
*es el camino al amor.*

Como todo lo que intentamos rechazar o quitar de nuestra vida, cuando intentas rechazar lo que sientes, vuelve con más fuerza. El único camino a la integración y liberación se llama aceptación.

Sabrás que una herida ha sido activada porque te duele. Algo te afecta demasiado o tienes una reacción de sufrimiento ante algo que en apariencia no lo merece. ¿Qué se esconde detrás? Una herida no sanada. A medida que vas sanando tus heridas, van dejando de doler, y tú vas dejando de reaccionar de forma defensiva a ese dolor para no verlo. Es decir: puedes identificar qué herida hay detrás de lo que te ha hecho sufrir, comprendes qué te está pasando, y desde esa mirada compasiva a tu propia experiencia, la puedes integrar. Y cuando la integras, se disuelve la fuerza del dolor.

*Qué bonito, y qué curioso, que solo con la valentía de mirar dentro de la herida conseguimos sanarla.*

Parece que la mayoría de las personas tenemos presentes en nuestra vida al menos cuatro de las cinco heridas, y, si no las miramos desde dentro, seguirán estando ahí cada día, en cada reacción, en cada interpretación de lo que pasa, en cada dolor. Por eso te las comparto aquí, para que las conozcas, las mires de cerca y puedas reconocerlas en ti. El día que las descubrí en mí, mi mundo cambió, como cada vez que doy un paso más en mi autoconocimiento; pude ver cómo mis reacciones ante pequeños detalles de los demás, a veces eran desmesuradas, precisamente por la herida que vivía en mí, y me hacía interpretar la situación con esa mirada. Cuando la sanas, también te sanas tú.

Te cuento un poco más sobre las cinco heridas emocionales por si alguna te resuena:

**Herida del abandono:** el mayor miedo cuando tienes esta herida es quedarte sola, por lo que a veces sentirás dependencia emocional, o soportarás demasiado con tal de no estar sola. Otras veces abandonarás tú como mecanismo de protección por no revivir la experiencia del abandono. Esta herida es muy común; se sana trabajando el autoamor y el miedo a la soledad, cuidando a tu niña interior y sintiendo que, pase lo que pase, siempre estarás contigo.

**Herida de la traición:** el mayor miedo que se activa cuando tienes esta herida es a confiar. A veces se esconde en actitudes de envidia o de rencor. Por el miedo a confiar, necesitarás tener el control continuamente, no respetando el espacio, la libertad o los límites en tu relación con los demás. Se sana trabajando la confianza, la tolerancia, y tomando consciencia de cuándo se activa.

**Herida del rechazo:** el mayor miedo es el rechazo, de tus propios pensamientos, sentimientos y vivencias, el rechazo al amor e incluso a ti misma. Quizá viene de una percepción de rechazo en tu infancia, que te ha hecho rechazarte a ti misma. Cuando se activa, la más mínima crítica te hace sufrir, y, para compensarlo, necesitas el reconocimiento y la aprobación de los demás. Se sana con el autoamor, trabajando tu seguridad personal, el reconocimiento interior y la validación personal.

**Herida de la injusticia:** el mayor miedo es la injusticia. Quizá en tu infancia han sido excesivamente rígidos y autoritarios contigo, y has crecido con una sensación de injusticia que te hace ser rígida, inflexible, con grandes juicios morales y mucho peso de los valores y la ética. Se sana trabajando en las creencias limitantes, las verdades absolutas aprendidas y no cuestionadas, la flexibilidad, y la apertura y confianza en los demás.

**Herida de humillación:** el mayor miedo es a no ser reconocida y valorada, y se activa la herida de humillación. Quizá en la infancia te has sentido despreciada, y has buscado ese reconocimiento en otras personas, lo que te ha hecho tener una personalidad dependiente. Necesitas sentirte útil y válida, lo que alimenta más la herida, ya que su propio autorreconocimiento depende de la imagen que tienen los demás de ti. Se sana con el autoamor, aprendiendo a valorarte y, sobre todo, a perdonarte a ti misma y perdonando a las personas que en tu infancia te hicieron sentir así.

Cada herida tiene un color con el que pintas (miras) la realidad, y genera en ti una tendencia de comportamiento, que es lo que se ve. La herida del rechazo te hará huir escondiendo tu miedo a no ser deseada. La herida de abandono te volverá más dependiente escondiendo tu miedo a la soledad. La herida de humillación te hará quedarte donde te hacen daño, por el miedo a la libertad. La herida de traición te hará ser más controladora, por el miedo a confiar. La herida de injusticia te hará ser más rígida, escondiendo tu miedo a confiar y la flexibilidad.

*Un secreto:* Estas heridas reflejan el miedo que tenemos a hacerle eso a los demás, y también a ti misma. Revisa esto:

*Quizá te rechazas, te abandonas, te humillas, te traicionas y eres injusta contigo.*

Las heridas emocionales están presentes dentro y fuera de ti.

Y aquí entra en juego un triángulo de relaciones que se retroalimentan entre sí:

*La sanación parte de ti, y todo lo que sanes en ti y en tu relación contigo misma, lo sanarás también en tu relación con los demás, y, por tanto, en la relación de los demás contigo.*

La curación se llama comprender.

La sanación se llama aceptar.

Hacerte responsable del cambio para poder hacerlo diferente.

Comprender, aceptar, responsabilizarte e integrar

para poder ser.

No tengas miedo
a las sombras,

porque solo desde tu sombra
puedes ver tu luz.

## ¿Cómo puede ayudarte el eneagrama a quererte más y mejor?

El eneagrama es una herramienta que si bien parece que nace con los maestros sufíes de Oriente hace más de mil años, llega a nosotros de la mano de Ichazo Y Claudio Naranjo allá por los setenta y a día de hoy está en constante evolución. En el eneagrama puedes descubrir cuáles son las máscaras con las que te relacionas con el mundo. Hay nueve eneatipos, cada uno con una tendencia de pensar, sentir y actuar. Identificarte con uno, te hace darle forma a tu pasado, a tu presente y a tu futuro. Lejos de encasillarte, sirve para descubrirte. Te descubre una serie de rasgos, necesidades, miedos, comportamientos y atracciones típicas de cada eneatipo, con los que te identificas (rápidamente) aunque no sean de tu agrado. Porque a nadie le gusta identificarse con algo que rechaza de sí mismo. Y es justo ahí donde está el poder de esta herramienta: en descubrir lo que no te gusta de ti, para integrarlo, aceptarlo, amarlo, y evolucionar.

¿A qué puede ayudarte en tu camino de autoamor?

*Sin duda, a profundizar en tu autoconocimiento, que necesitará de tu autoaceptación para integrar la información, y que te servirá como base para trabajar tu desarrollo y superación personal. Se trabaja desde la autoobservación, reconociendo los patrones mecánicos habituales.*

Te servirá para:

- conocerte mejor, aceptarte, amarte y vivirte tal como eres
- mejorar tus relaciones con las personas de tu entorno
- entender aspectos poco visibles de tu personalidad pero que están ahí.
- conocer qué te está limitando, qué te impide conseguir eso que quieres, qué te da miedo.
- descubrir por qué ves así la realidad (cómo son tus gafas).

Cuando descubrí esta herramienta hace muchos años, además de comprender mucho de mi comportamiento a lo largo de mi vida (y de los demás), me ayudó a conocer «el camino de desarrollo», que es esa guía o «hacia dónde» puedes continuar evolucionando. Y eso lo hace una herramienta dinámica, lejos de una etiqueta, porque te sirve para descubrir, crecer y evolucionar. Muy resumido, algunos rasgos de cada eneatipo son estos:

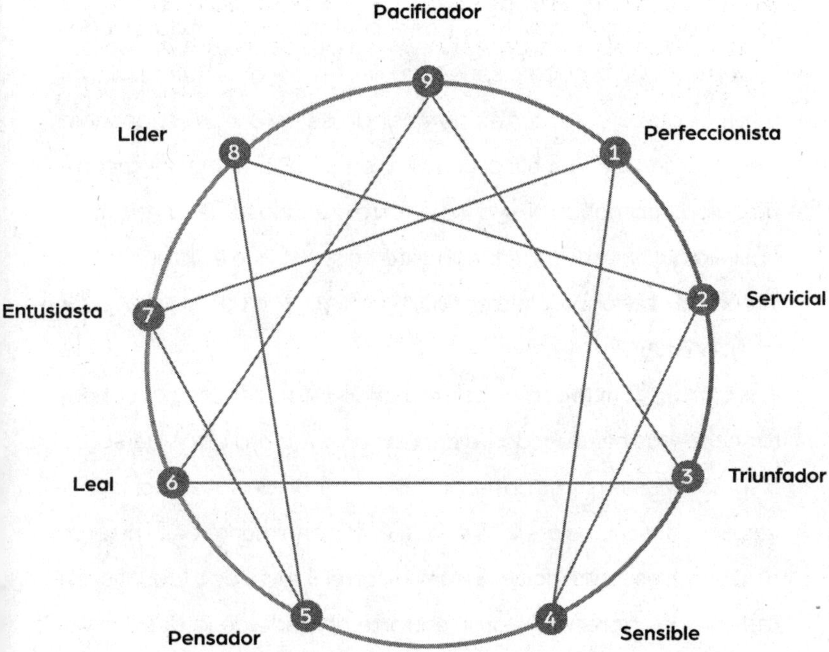


**imagen libro *Pon un coach en tu vida,* Laura Chica 2014**

**Eneatipo 1** : te esfuerzas por ser perfecta. Te centras en las reglas, los procedimientos, y en asegurarte de que siempre estás «haciendo lo correcto». Eres perfeccionista y ordenada. Puedes volverte crítica y poco dispuesta a asumir riesgos. Puedes llegar a temer que si te diviertes demasiado serás una irresponsable. Descentrado se identifica con el 4 en su ego (especial, incomprendida, dramática). Para «centrarte» tendrías que aprender lo positivo del eneatipo 7 cuando está en su luz, que es la serenidad interior, la confianza y la alegría. Mantra: está bien relajarse y disfrutar.

**Eneatipo 2** : interactúas con el mundo esforzándote por conectar, necesitas ser querida. Te centras en ayudar a otras personas a satisfacer sus necesidades, incluso dejando de satisfacer las tuyas. Si te descuidas acabas siendo emocionalmente dependiente de otros. Descentrado se identifica con el 8 en su ego (desafiadora, justiciera, agresiva). Para centrarte aprende de lo positivo del 4 cuando está en luz: la creatividad, la introspección y la sensibilidad. Mantra: yo también importo.

**Eneatipo 3** : interactúas con el mundo esforzándote por destacar. Te esfuerzas por triunfar en todo lo que emprendes. Para ti tiene gran valor la productividad y la imagen. Tiendes a buscar la atención y valoración de los demás. Descentrado se identifica con el 9 en su ego (perezosa, acomodada, invisible pasiva). Puedes conectarte con tu autenticidad aprendiendo lo positivo del 6: confianza y fidelidad a ti misma y coraje para ser auténtica. Mantra: el mayor valor está en lo que soy, no en lo que consigo.

**Eneatipo 4**: interactúas con el mundo esforzándote por ser única. Afrontas la vida con creatividad natural. Puedes sentirte incomprendida, y por ello prefieres aislarte. Intensa y profunda, con necesidad de atención. Descentrado se identifica con el 2 en su ego (ayudadora, salvadora, victimista). Te conectarás con el equilibrio al aprender lo positivo del 1: la aceptación, organización y planificación. Mantra: no tengo que hacer nada para ser única; ya lo soy.

**Eneatipo 5**: interactúas con el mundo esforzándote por tomar distancia. Observadora, lógica y reservada de tu intimidad. Centrada en las ideas innovadoras y la recopilación de datos. Temes que si no mantienes distancias perderás el control. Descentrado se identifica con el 7 en su ego (entusiasta, hiperactiva, superficial). Te conectarás con el desapego que necesitas para ser más cercana y comprensiva, aprendiendo lo positivo del 8: intuición, ternura y voluntad. *Mantra: sentir y conectarme con los demás me hace bien.*

**Eneatipo 6** : te esfuerzas por sentirte segura. Encuentras seguridad cuando formas parte de un grupo o tradición. Cuidadosa, responsable y protectora del bienestar del grupo. El esfuerzo por sentirte segura te hace no asumir los riesgos necesarios para alcanzar un alto rendimiento y conformarte con la mediocridad. Descentrado se identifica con el 3 en su ego (triunfadora, vanidosa, competitiva y presumida). Te conectarás con el coraje que necesitas si aprendes lo positivo del 9 cuando está en luz: paz, armonía y acción. *Mantra: creo en mí, puedo hacerlo.*

**Eneatipo 7** : te esfuerzas por experimentar entusiasmo. Optimista, animosa y curiosa. En tu esfuerzo por experimentar entusiasmo, puedes dejar inacabado todo lo que empiezas, distraerte con facilidad y actuar de forma irresponsable. Temes sufrir. Te alejas de tus emociones. Temes que si no mantienen abiertas tus opciones, te perderán algo. Descentrado se identifica con el 1 en su ego (reformadora, perfeccionista, exigente, prepotente). Te conectas con la sobriedad que necesitas para sentir tu alegría natural, si aprendes lo positivo del 5: desapego, profundidad y sabiduría. *Mantra: abrirme a lo que de verdad siento también es abrirme a la vida.*

**Eneatipo 8**: te esfuerzas por sentir que tienes el poder. Emprendedora, dispuesta a cumplir con sus objetivos y te encanta estar al mando. Haces lo que debes y superas obstáculos. Te cuesta aceptar normas y en extremos tu comportamiento se descontrola. Temes que si te conectas demasiado con otras personas o experimentas tus propias emociones con excesiva intensidad, acabarás dependiendo de los demás. Descentrado se identifica con el 5 en su ego (observadora, distante, solitaria, reservada). Te centras conectándote con tu inocencia, aprendiendo lo positivo del 2: humildad, generosidad y altruismo. *Mantra: soy verdaderamente libre cuando no impongo mi voluntad, con más humildad y amor.*

**Eneatipo 9**: te esfuerzas por estar en paz. Serena y agradable, centrada en mantener una sensación de armonía interior, minimizando tus propias necesidades y concentrándote en las de los demás. Puedes volverte pasiva y depender de terceros para tomar decisiones. Excesiva humildad y zona de confort. Descentrado se identifica con el 6 en su ego (desconfiada, insegura, pesimista). Te centras en tu luz cuando te conectas con la acción consciente, adquiriendo lo positivo del 3: en su motivación y autenticidad. *Mantra: ser humilde no es esconderme. Solo siendo quien soy, encontraré la paz interior.*

Además de las características de cada eneatipo, en cada uno tenemos la influencia de las «alas», que son los eneatipos inmediatamente inferior y superior, con influencia de las características de cada uno en mayor o menor medida. Por ejemplo, el eneatipo 2, tendría influencia de sus alas 1 y 3. Además de esto, como has visto en la descripción, cada eneatipo se descentra de manera inconsciente a otro eneatipo, adquiriendo lo egoico de ese perfil en extremo; y centrarse en el eneatipo que te equilibra hay que hacerlo de forma consciente, cuando trabajas en tu propio desarrollo, sabiendo desde dónde partes. Se produce absorbiendo lo positivo de ese perfil, que complementa y equilibra el tuyo. Estos serían los caminos:

**Reformador**
Descentrado: 4
Centrado: 7

**Ayudador**
Descentrado: 8
Centrado: 4

**Triunfador**
Descentrado: 9
Centrado: 6

**Individual**
Descentrado: 2
Centrado: 1

**Pensador**
Descentrado: 7
Centrado: 8

**Leal**
Descentrado: 3
Centrado: 9

**Entusiasta**
Descentrado: 1
Centrado: 5

**Desafiador**
Descentrado: 5
Centrado: 2

**Pacificador**
Descentrado: 6
Centrado: 3

- ¿Con cuál te identificas más? ¿En cuál de ellos ves más rasgos tuyos?
- ¿Qué te está mostrando de ti ese eneatipo aunque no te guste?
- ¿Qué has descubierto de ti una vez que te has identificado con uno de los 9 eneatipos?
- Conocer esto de ti, ¿cómo te está ayudando a aceptarte y a entenderte?

Recuerda que no se trata de etiquetarte y quedarte ahí. Se trata de descubrirte en alguno de esos puntos, para comprenderte y amarte desde lo que eres y, desde ahí, seguir evolucionando en tu camino de desarrollo. Te invito a seguir profundizando en esta herramienta con los siguientes libros: *27 personajes en busca del ser,* de Claudio Naranjo; *El eneagrama; guía fácil y divertida* de Baron y Wagele, *Encantado de conocerme,* de Borja Vilaseca y *La sabiduría del eneagrama,* de Richard Riso.

Siempre te estás relacionando
contigo misma
a través
de los otros.

## ¿Cómo puede la «Ley del espejo» ayudarte a amarte más y mejor?

La Ley del espejo, recogida como tal por Yoshinori Noguchi, es una mirada al mundo de las proyecciones de tu interior a través de tus relaciones. Carl Jung decía: «Todo lo que nos irrita de los demás, nos puede ayudar a entendernos mejor a nosotros mismos», y es que la vida es un espejo que nos refleja. Vivimos proyectando lo que llevamos dentro, vemos lo que somos, y todo lo que vemos fuera, vive dentro.

*Te relacionas contigo mismo a través de los otros.*

Cuando alguna situación o persona te genere malestar o incomodidad, te ayudará preguntarte: ¿qué me está reflejando esta situación de mí? Esta pregunta te conectará con tu mundo interior, donde están todas las respuestas.

¿Cómo puede ayudarte la Ley del espejo a amarte más?

- Te ayudará a conocerte más.
- Al descubrir lo que vive dentro de ti a través de tu relación con otros, aprenderás a entenderte cuando sientas dolor o incomodidad.
- Al entenderte más, te amarás más.

Las 4 leyes del espejo son estas:

## Las 4 leyes del espejo

**1 Ley**

Todo lo que me molesta o me afecta del otro, está en mí.

**2 Ley**

Si me critican juzgan y me afecta, lo tengo reprimido en mí.

**3 Ley**

Todo lo que amo o me gusta del otro, también está en mí. Reconozco mis cualidades en otros.

**4 Ley**

Todo lo que el otro me critica, juzga o quiere cambiar en mí es suyo.

Decía Jung que «lo que niegas, te somete, y lo que aceptas, te transforma». Y es que precisamente somos esclavos de todo lo que no podemos ver, porque en la medida en la que es inconsciente o somos ciegos a esa parte, nos está dominando. Reconocer cómo funciona la Ley del espejo en tu vida, detectar a tiempo el mecanismo que se está activando en ti, para hacerlo consciente, es lo que te va a permitir responder, en lugar de reaccionar. Todo un reto, pero para eso estamos aquí: para aprender, evolucionar, y cada día ser una versión mejorada de nosotras mismas.

A veces el espejo te reflejará similitud, es decir, lo que ves fuera está dentro de ti. Tu trabajo será valorar en ti lo que ves fuera o aceptar y sanar en ti lo que ves fuera.

Otras veces te reflejará el lado opuesto; lo que ves fuera te refleja el lado opuesto a ti. Tu trabajo será tolerar y buscar el equilibrio.

Otras veces te reflejará lo que tú haces a otras personas. Cuando te lo hagan a ti, tu trabajo es revisar si tú también se lo haces a otras personas o a ti misma. Y otras veces reflejará las expectativas que tienes de alguien, y la opuesta realidad, que te hará ver tu necesidad (inconsciente) de control y tendrás que trabajarlo soltando esa necesidad de controlar y dejando a la realidad ser como es.

Recuerda que tus maestros son todas las personas y situaciones que te muestran algo de ti, aunque no te guste.
No pongas tu foco en el maestro, aprende a entender el mensaje.

Hay a quien le funciona y le ayuda conocer su carta natal, su eneatipo en el eneagrama, el hoponopono, conocer sus heridas emocionales, su arquetipo en numerología, conocer su lugar en su árbol transgeneracional, descubrir su carta natal en astrología, la presencia de los 3 doshas de ayurveda… En definitiva, y sin entrar en lo que es ciencia y lo que no, todo lo que puedas y quieras conocer de ti que te ayude a conectarte contigo, y conocerte, está bien. Nada debe tener sobre ti una mirada determinista, sino todo lo contrario. Es conocerte en un punto de inicio con todo un mundo de posibilidades por delante.

Descubrir en ti tu mundo infinito de posibilidades.

Ese es el regalo.

Mírate al espejo.
En él se refleja lo que ves de ti
y lo que no.
Tienes que mirar bien.
Traspasa la piel, mira dentro.
Un mar de cicatrices esconden heridas.
Heridas que esconden dolor.
Dolor que te esconde de ti,
de quien de verdad eres,
de lo que de verdad sientes,
pero al sentirlo duele.
Y huir se convierte en el camino fácil,
y cada paso que te aleja del dolor, también te aleja de ti.
Porque el dolor también eres tú.
Mírate. Descubre en tu reflejo cada daño del que huiste.
En forma de cicatriz, de herida escondida,
de amor no correspondido.
De palabras no pronunciadas, pero sí sentidas.
Porque las palabras que no dices, cicatrizan en ti,
porque los besos que no das, también.
Mirarte como te estás mirando ahora es de valientes.
Y valiente es el que ha sentido el dolor y, aun así, se queda.
Mirar los miedos de cerca, las heridas desde dentro,
el dolor de frente.
Mirar lo que nunca has mirado, para ver
lo que antes no has sabido ver.
La verdad en ti. La verdad de ti. Cómo eres tú sin máscaras.
Mírate, porque en este momento eres más verdad que nunca,
y desde esa verdad,
todo lo puedes.

Sanando tu energía masculina y femenina. Todas están en ti.

**Energía femenina Ying**

Luna
Intuición
Amor
Empatía Cuidado
Creatividad

**Energía masculina Yang**

Sol
Conciencia
Pensamientos
Determinación
Acción

Todo el universo está regido por dos fuerzas que se relacionan constantemente y no son nada la una sin la otra. El taoísmo habla del ying y el yang. El hinduísmo, de Shiva y Shakti. El tantra habla de una energía femenina y una energía masculina. Y todo eso vive en ti. Vives en desequilibrio cuando una de las energías prevalecen en ti, y la otra no existe o no sabes darle espacio en tu sentir, en tu esencia, en tus acciones.

Vives en equilibrio cuando ambas energías tienen su lugar en ti, sabes sentirlas, canalizarlas y relacionarte desde ellas con el mundo.

Tu energía masculina es la que te permite hacer, te conecta con la valentía y la determinación, te impulsa a poner límites sanos en tu vida, a caminar hacia lo que quieres y a conseguir tus sueños. Te permite arriesgarte ante lo que nunca has hecho, a ser más independiente, a afrontar tus miedos y a apostar por ti y mostrarte al mundo. Tu energía femenina te conecta con la calma, la empatía, la paciencia, el amor, el cuidado. Está presente en ti cada vez que cuidas o te estás dejando cuidar, te tratas con amor, autocompasión y respeto a tus tiempos.

Autoamor es aprender a amar todo de ti, y también amar las dos energías que viven en ti, darles espacio y conectarte con ellas. Comprender en qué te ayudan cada una de ellas y darles su lugar. Equilibrar la que esté desequilibrada y relacionarte con el mundo desde ambas energías.

Comienza por identificar cuál está más presente en ti, ámala por permitirte vivir lo que estás viviendo, y comienza a abrir la puerta a un poco más de la otra energía para ir logrando el equilibrio. No tengas prisa, no hay destino; todo es camino. El camino de amor a ti a través del autodescubrimiento y de la conexión con tu alma.

## Reflexiones para el autoamor

Equilibrio
amor
respeto
integración
aceptación
autoamor
libertad
Vida

Un día abrí los ojos
y me había convertido en maestra.
En maestra de hacer como que no pasaba nada,
cuando pasaba todo.
En maestra de sentir a medias,
hablar hacia adentro
y soñar poco,
-para que el despertar doliera menos-.
En maestra de cuidar hacia fuera,
escuchar sin hablar
y vivir de puntillas
para que mis pasos apenas se escucharan.
Maestra de la apariencia sin fondo,
del vacío lleno de soledad.
Y ahora soy mi mejor maestra,
gracias al tiempo y a saber mirar;
soy maestra de la nada
y aprendiz
del volver a empezar.

♥

El día que entendí
que no iba a entender nada,

ese día lo entendí todo.
Así volvió mi sonrisa,
abrazando la incertidumbre,
aceptando el camino de la vida
y diciendo:
todo está bien, confía.

Cuando todo se derrumba
me acompaña el dolor.
Miedo. Incertidumbre. Temor.
Cuando todo se derrumba por fuera,
solo me queda construir
dentro.
Sanar el dolor con amor.
La incertidumbre con confianza.
Las dudas con coraje.
El miedo con más amor.
Construyendo dentro la fortaleza
que me ayude a seguir
creyendo
creando
sintiendo.

Porque nunca nos lo han dicho,
pero el mundo se construye desde dentro.
Cuando tu mundo se cae,
Siempre puedes reparar tus alas
y volver
a
volar.

♥

En este mundo
en el que parece
que tienes que ser
de todo menos tú
para ser adecuada,
quiero recordarte algo:
No tienes que ser nada más
de lo que ya eres
para ser bella,
para que te quieran,
para merecer amor.
Porque ya eres todo.

Tu ser es luz.
Tu alma es luz.
Tú eres luz.
Todo lo que sientes que te hace sentir mal, te daña,
te afecta, te preocupa, te distancia, te ahoga,
no eres tú.
Es el ruido.
Cuando te quitas todo eso, te quedas con tu esencia,
con tu belleza,
con tu amor, con tu verdad.

*Silencia tu mente*
*para escuchar tu alma.*

Ahora es el momento
de reconocerte con mucho amor
y de abandonar las creencias que te hacen daño,
porque:
No eres tus heridas; estás aprendiendo a amarlas,
y amándolas, sanarlas.
No eres tu inseguridad: estás aprendiendo a confiar,
a tener seguridad y a creer en ti.
No eres inestable; eres cíclica, como la vida,
y hay días que te sientes mejor y otros peor.
Y siempre intentas dar lo mejor de ti, estés como estés.
No eres tus pensamientos; estás aprendiendo a
observarlos
y a escuchar dentro de ti solo lo que es bueno para ti
y a dejar ir lo que te hace daño.
Deja ir todas esas palabras y etiquetas que te han hecho
definirte, y que ya no quieres.
Te mereces la oportunidad de volver a empezar,
de mirarte diferente, con ojos de alguien que está
descubriéndose
por el camino mientras aprende a amarse.
Suelta las etiquetas que te han puesto los demás
y conéctate con la verdad de tu alma.

Y un día todo cambia;
el día que entiendes
que ya no tienes que ser
lo que los demás quieren que seas,
sino quien de verdad
eres
tú.

No tienes que ser nada.
Ya eres todo.

♥

Amarte a ti misma
es amar tu historia.

♥

El primer paso para sentirte feliz
es amarte
incondicionalmente.

♥

Tienes el mundo que crees.
Tienes el mundo que creas.

♥

Mi paz interior
no es negociable.

♥

Sin ~~ti~~ mí
no soy nada.

♥

Ama lo que haces y haz lo que amas.
Y si no es así,
*cambia.*

♥

El mejor lugar para encontrar tu paz
es en ti misma.

♥

el AMOR solo tiene una cara:
se llama amor incondicional.
Todo lo demás
no es.

♥

Ama a quien de verdad eres
y no a quien deberías ser.

♥

No tienes que ser nada.
Ya eres Todo.

Tu imperfección es
perfecta.

No puede amar a otro
quien no sabe amarse
a sí misma.

Para que puedas brillar,
tienes que permitirte desplegar tus alas,
Y, a veces, recordarte que las tienes.

Quizá necesitas dejar de buscarte en tu mente
para encontrarte
en tu corazón.

Imagina que existe una persona
que siempre se queda contigo.
Que cuando te pierdes, te encuentra.
Que cuando lloras, te abraza.
Que está a tu lado en los momentos más difíciles.
Que cuando te caes, siempre te da la mano.
Que siempre está contigo, incluso cuando no la ves.
Imagina que un día la descubres y te enamoras de ella.
Porque te quiere. Porque te cuida. Porque nunca te abandona.
Ahora imagina que esa persona
eres tú.

## Mantras para el amor propio

Soy suficiente.
Tengo todo para ser feliz.
Soy un ser completo y maravilloso.
Me amo, me apruebo, y me respeto.
Confío en mí; creo en mí, sé que puedo.
Soy amor y luz.
Merezco lo mejor y lo acepto con amor
Soy feliz
Voy a crear la vida que quiero y merezco,
no importa cuántos miedos me cueste.
Me permito todo lo que merezco,
y atraigo todo lo que necesito.
Elijo dejar de disculparme por ser yo.
Soy y me acepto
Amo a la persona en la que me estoy convirtiendo.
Libero y dejo ir todo lo negativo que me han dicho a lo largo
de mi vida.
Elijo quererme siempre, cuando me vaya bien, y sobre todo
cuando no me vaya bien.
Me debo el amor que no he sabido darme.
No cambio mi cuerpo para quererme más;
me acepto y me amo.
Me alejo de la necesidad de complacer a los demás antes
que a mí; me permito ser y expresar lo que siento.
Acepto donde estoy, lo que soy y lo que siento.
Aprendo a darme lo que necesito.

Confío en lo que quiero y me abro a recibirlo.
Quiero, puedo y lo merezco.
Me doy las gracias por todo lo que he superado.
Elijo siempre mirar la luz que guía mi camino
y me conduce a mi amor interior y me ayuda a transitar los miedos y a brillar.
Me amo como quisiera que me amaran los demás, con aceptación, respeto y sin condiciones.
Elijo soltar todo lo que pesa en mi vida:
sueños que no eran míos, miedos prestados y palabras que he dado por verdaderas aunque me hicieran daño. Me quedo con la verdad de quien soy.
Agradezco mi camino, que me ha traído
hasta lo que soy hoy,
y me abro a todo lo que está por venir.
Soy amada, soy deseada, merezco que me amen incondicionalmente.
Me doy el lugar que merezco, protejo mi espacio, amo mi libertad.
Me amo incluso cuando sienta que no lo merezco;
ahí mucho más.
Cuido a mi niña interior.
Me conecto con ella para recordar mi luz.
Soy única. Y a la vez soy parte del todo.
Nunca estoy sola.
Merezco todo lo bueno de la vida. Doy lo mejor de mí.
Escucho a mi corazón y cumplo sus deseos.

Me presto atención a mí misma y a lo que necesito.

Tengo derecho a sentir y a vivir desde mi corazón.

Elijo mi bienestar y sentirme plena. Me doy lo que necesito. Consigo lo que merezco. Creo en mis sueños. Busco mi paz.

Me conecto con mi cuerpo y siento el equilibrio.

Creo en mi capacidad de amarme y sanar mediante el amor y el perdón.

Sigo la llamada de mi corazón cada día y me abro a la magia de la vida.

# yo soy

Soy luz
Soy amor
Soy única
Soy libre
Soy feliz
Soy amada
Soy intuitiva
Soy poderosa
Soy magia
Soy alegría
Soy creadora
Soy segura
Soy fiel a mí
Soy valiente
Soy fuerte
Soy sanadora
Estoy en paz
Estoy agradecida
Estoy en calma
Estoy en equilibrio
Estoy a salvo
Estoy protegida
Estoy orgullosa de mí
Yo soy todo

(tú)
abrázate el alma,
que la piel
te la abraza cualquiera

## Compromisos conmigo

### 1

Me comprometo conmigo misma a tratarme
con respeto y amor.
A tener pensamientos bonitos sobre mí,
cuidar cada una
de mis palabras, y lo que digo de mí.
A amar mi cuerpo, amar lo que veo,
aceptar cada parte de mí con amor.
A respetarme cuando algo no me guste,
o sienta que no me hace bien.
Practicaré cada día atendiéndome,
cuidándome, respetándome,
para aprender a amarme
de forma incondicional.

♥

## 2

Me permito caer.
Me permito fallar.
Me permito llorar.
Me permito ser imperfecta.
Me permito ser vulnerable.
Me permito no saberlo todo.
Y también me permito el éxito.
Me permito entregar mi talento al mundo.
Me permito merecer lo bueno de la vida.
Me permito brillar.

# 3

Elijo cada día ser mi prioridad.
Solo desde ahí podré dar lo mejor de mí al mundo.
Cuido mi bienestar, mis pensamientos, mi calma emocional, para estar en equilibrio y conectarme con mi luz.
Aprendo a darme las gracias cada día por cada aprendizaje, los pequeños pasos, y por aprender de mis errores.
Me pido perdón por no haber sabido cuidarme bien, hasta hoy.
Poco a poco.
Paso a paso.
Puedo sentir que he llegado a mi casa, a mi hogar, y quiero quedarme aquí.
me recuerdo cada día mirarme con amor, compasión y sin juicios.
Ya estoy aquí. Me estoy amando.

♥

4

Me pido perdón por las veces
en las que no he creído en mí.
No he sabido mirarme con la grandeza que soy,
ver la luz que vive en mí, ni mis talentos, ni mi fuerza.
Me pido perdón y me perdono,
y elijo amarme, aceptarme y creer en mí.
La relación más importante que tengo que sanar
es conmigo misma.

# 5

Amo mi camino,
mi historia, mi pasado,
y entiendo que era el camino perfecto para llegar
donde estoy hoy.
Nadie tiene el poder de decidir mi valor.
Solo yo.
A nadie le doy el poder de elegir por mí,
decidir por mí, o sentir por mí.
Mi valor es infinito, sin importar lo que digan.
Trabajo cada día para ser mi mejor versión.
Me siento grande al ver mi camino,
y elijo bajar la voz de las opiniones exteriores
y subir el volumen de mi corazón.
Gracias. Gracias.

♥

Mi único camino
de crecimiento y evolución:

(me) Amo
(me) Acepto
y
(me) Supero

## Meditaciones para el amor

En mis sesiones y retiros, trabajo con meditaciones que nos conecten con lo más bello de cada uno de nosotros.

Cuando escribía este libro, me salió escribir una meditación para ponerle voz y crear un podcast.

Y se me ocurrió regalarte cinco meditaciones para conectarte con tu luz, con tu niña interior, con la belleza de tu cuerpo, con el perdón, con el amor.

Espero que te gusten.

¿Qué hacer con ellas?

- Léelas para ti
- Léeselas a alguien
- Úsalas en tus sesiones
- Úsalas con grupos
- Grábalas y te las pones para ti

Son de creación propia; pero antes voy a compartirte una meditación típica *Metta bhavanna* que puedes hacer para conectarte con el amor bondadoso en ti, y expandir ese amor desde ti al mundo. Tiene 5 fases. Cada fase tienes que repetirla varias veces en silencio, conectándote con ese mensaje y sintiéndolo dentro de ti. Disfruta.

*1. (yo)*

Que yo esté bien.

Que yo esté sana.

Que yo esté libre de sufrimiento.

Que yo sea feliz.

*2. (alguien a quien ames)*

Que ella esté bien.

Que ella esté sana.

Que esté libre de sufrimiento.

Que sea feliz.

*3. (alguien que sea neutral para ti)*

Que esté bien.

Que esté sano.

Que esté libre de sufrimiento.

Que sea feliz.

*4. (alguien con quien sientas un conflicto)*

Que él esté bien.

Que esté sano.

Que esté libre de sufrimiento.

Que sea feliz.

*5. (el mundo y todo lo que está conectado contigo)*

Que esté bien.

Que esté sano.

Que esté libre de sufrimiento.

Que sea feliz.

## 1.
## Meditación de amor y sanación

Siéntate cómoda. Cierra los ojos. Siente.

Respira profundo.

Una y otra vez.

Siente en cada respiración cómo inhalas amor y sueltas miedos.

Inhalas amor. Sueltas miedos.

Inhalas calma. Exhalas preocupaciones.

Respiras paz. Sueltas expectativas.

Y tan solo te quedas tú, contigo.

El aire que respiras entra en ti como una luz, una luz blanca, que llega a ti y se expande por todo tu cuerpo. Despacio, desde tus pies a tu cabeza, llenando de luz tus brazos, tus piernas, tu vientre, tu corazón.

Una luz blanca de paz, de amor, llena de confianza y de calma, que a medida que va recorriendo tu cuerpo, te va sanando.
Va sanando cada rincón de tu cuerpo, dando calor a las zonas en las que sientes dolor. Fíjate cómo esa luz oxigena y repara ese lugar, y cada vez te hace sentir mejor. Esa luz sanadora recorre tu cuerpo, curando cada uno de los rincones, y se detiene en tu corazón. Quizá hay mucho dolor ahí. Quizá hay mucho amor,

escondido detrás del dolor. Palabras que te dañaron, personas que se fueron, miedos, mentiras, decepciones. Todo lo que una vez te hizo daño se ha quedado escondido en algún lugar de ti, pero hoy puedes recordar que toda tú eres amor. Nada puede hacerte daño si tú no quieres. Todo lo que hay en ti es amor. Esa luz recorre cada parte de tu corazón y de tu alma, poniendo luz a cada recuerdo doloroso para que ya no lo sea más. Sanando cada herida, cada pequeña tristeza, conectándote cada vez más con la emoción más poderosa que hay en ti: la alegría. La luz sanadora hace brillar cada rincón de tu cuerpo y te sientes llena de luz, de alegría y de amor.

Y ahora es el momento de expandirlo al mundo.

Desde ti, desde la belleza de sentir lo que sientes ahora, desde la poderosa luz sanadora que hay en ti, desde la más pura alegría y el amor más real, puedes compartirlo con el mundo. Expandir esa luz a los demás. Siente cómo desde ti envías esa luz a las personas que amas, a las personas que tanto te han ayudado a ser quien eres hoy, a las personas que son importantes para ti, y las llenas de luz con un abrazo. También expandes tu luz a las personas que ya no están en tu vida, a las que no conoces, a todos los seres que, sin saberlo, están conectados contigo. Mucha luz, y gracias.

Elige quedarte con esta sensación anclada a ti, esta sensación de paz, de calma, de luz, de amor, porque todo eso eres tú, y cada vez que respiras conscientemente te lo estás dando.

Date las gracias a ti por regalarte esta práctica de amor, y quédate con esta sensación mientras vas volviendo despacio al aquí y ahora. Despacio. A tu ritmo. Con tus tiempos. Respira profundo.

Hazla todas las veces que necesites. Gracias.

## 2.
## Meditación-visualización de amor a tu niña interior

Siéntate cómoda. Respira. Cierra los ojos.

Hoy vamos a hacer un trabajo precioso de encuentro, reencuentro, que puede cambar tu relación contigo.

Muchos de los problemas que traemos a la edad adulta vienen de nuestra experiencia en la infancia. De alguna manera, en algún momento, soltamos la mano a nuestra niña interior, y se queda por el camino, mientras creemos que avanzamos. No, no es posible avanzar sin ella. Es necesario para ti integrar a esa niña en tu vida, en tu ser, para sentirte completa. Puedes hacerlo ahora. Te doy la bienvenida a este camino de encuentro con ella.

Encuéntrate con tu niña. Quizá no la encuentras, porque hace mucho que no la has buscado. Quizá sí, porque hace poco que la has encontrado. Permítete el deseo de buscarla, permítete encontrarla, de verla cerca, o lejos, permítete el encuentro con ella.

Quizá está sentada en ese lugar que tanto le gustaba, con su juguete preferido, esperando. Esperando a que llegues, a que te acuerdes de ella, porque aunque tú no la hayas buscado antes, ella siempre te ha esperado. Ahí está, esperando a que te acerques a ella. Regálate este encuentro con ella. Tu niña está ahí. Delante de ti. Refleja la alegría que tantas veces has perdido, los sueños que no te has permitido, los miedos que todavía arrastras, algunas heridas, pero todo se le olvida cuando te ve.

El amor que tanto ha necesitado no era de nadie. Era de ti. Y ya estás ahí, contigo.

Dile hola, sonríele, quédate con ella.

Siéntate cerca, mírala a los ojos. Dile a tu niña «te amo».

Te amo. Eres importante para mí.

Te acepto tal y como eres. Estoy orgullosa de ti tal y como eres.

Me siento feliz de que seas mi niña. Siempre estaré aquí para ti. Incondicional.

No importa quién se quede o quién se vaya de tu lado, yo siempre estaré. Te amo.

Siento no haberme dado cuenta antes de cuánto me necesitabas. Lo siento; haberte descuidado; te amo.

Confía en mí, siempre estaré aquí para ti.

Vamos a caminar juntas. Gracias. Te amo.

Despídete de ella con todo tu amor. Sonríe. Ríe con ella. Dile que volverás pronto, que se quede contigo, en ti, que siempre que quiera jugarás con ella.

Ve despidiéndote, mírala con amor mientras te alejas. Siéntete feliz, orgullosa de ti, tranquila, en calma, en paz, lo has conseguido. Siente el amor de esa niña, quédate con la alegría, la risa, el juego, la sorpresa, el asombro, la inocencia, la verdad. Quédate todo eso en ti, y ve volviendo con esa mochila llena de amor incondicional a esa niña que vive en tu interior y que se quedará siempre contigo.

Respira profundo.

Siente gratitud por haberlo intentando, haberlo conseguido, haberlo disfrutado.

Date las gracias por regalarte esta práctica.

## 3.
## Meditación para amarte desde el perdón, aprender a soltar, dejar ir

Cierra los ojos. Respira profundo.

Vamos a realizar una meditación profunda que te llene de paz, que te libere de dolor, de cadenas al pasado, de peso que ya no te corresponde llevar. Te invito a que con los ojos cerrados sientas lo que estás sintiendo en este momento. Respira, siente, explora en ti todo lo que está, siéntelo sin juzgar, solo observando la presencia de todo eso que estás sintiendo. Respira.

¿Qué hay que no quieres que esté? ¿Qué hay que sí quieres que se quede? Descubre cada una de las emociones y sensaciones que están habitando en ti en este momento, ¿de donde vienen? ¿De qué recuerdos, vivencias o experiencias? Porque todas están en ti, tienen presencia y se manifiestan en tu cuerpo. Puedes enfocarte en una, quizá algo que está en ti muy presente, y lo puedes notar. Quizá es algo que no has dejado ir, que todavía está. Un recuerdo. Un daño. Un dolor. Quizá tiene nombre, tiene una fecha, tiene un lugar. Dile hola. Dale la bienvenida. Reconócelo. Quizá algo que te mantiene atada, retenida en una vivencia, en un recuerdo, en un dolor. ¿Cómo es eso que sientes?, ¿qué color tiene?; si tuviera una forma, ¿cuál sería? Solo obsérvalo sin juzgar, comprende de dónde viene, pregúntale qué está haciendo en ti. Quizá está ahí para decirte algo, trae un mensaje para ti. Respira profundo y solo siéntelo.

Ese lugar quizá lo sientes pesado, te duele, te molesta o quizá está más contraído, más tenso, menos libre. Quizá refleja un recuerdo, algo no sanado, algo que no tiene que estar en ti, pero aún no has podido dejar ir. Hoy puedes explorar qué hay en ti que ya no es tuyo, y aprender a dejar ir. Soltar, perdonar, agradecer, comprender, aceptar, y desde ahí, dejar ir. Porque solo abriendo las ventanas de tu ser y permitiendo que se vaya el dolor, podrás dejar entrar amor. Respira. En cada respiración suelta dolor y respira amor. Suelta daño y respira perdón. Suelta miedos y respira amor. Solo perdonándote a ti misma podrás dejarlo salir. Perdona a quien te hizo daño, y perdónate a ti misma por sentirlo, por vivirlo, por permitirlo. Te perdono y me perdono, y así me libero de todo lo que me está dañando en este momento.

Respira.

Enfócate en la parte de luz que hay en ti. Piensa qué te gustaría sentir, y siéntelo. Quizá eliges paz. Quizá calma. Quizá amor. ¿Qué quieres que viva dentro de ti? Puedes crearlo tú misma. Enfócate en lo que quieres que permanezca, mirando lo que dejas quedarse en ti, y despidiendo lo que dejas que se vaya. Mientras vas volviendo a ti, siente cómo se quedan contigo esas sensaciones de paz, de calma, de amor, en cada una de tus células, en cada rincón de tu cuerpo, de tu ser. En el camino has soltado lo que ya no querías que estuviera en ti, y se ha ido. Gracias, gracias.

Respira. Respira profundo.

Vuelve a ti, despacio, con gratitud y consciencia, y llena de amor. Despacio, a tu ritmo.

Date las gracias por regalarte esta práctica.

## 4. Meditación de autoamor en cinco minutos

Cierra los ojos, respira profundamente tres veces. Ponte cómoda. Permítete el regalo de sentirte y de conectarte contigo. Respira. Primer minuto. Cierra los ojos y respira. Concentra toda tu atención en la respiración. Solo tienes que hacer eso, respirar sintiendo la experiencia de acompañarte mientras respiras.

Segundo minuto. Siéntete a ti. Siente cómo te acompañas, cómo está contigo siempre, aunque a veces no lo sientas. Puedes tocarte, abrazarte o hacerte sentir que sí, que sabes que estás contigo. Respira mientras disfrutas de este momento. Tercer minuto. Siente tu voz. Conéctate con tu voz interior, los mensajes de tu corazón, esa parte que no siempre puedes escuchar. Conéctate con esos mensajes de amor que te dan sobre ti, que te recuerdan tu grandeza, tu luz, el milagro que eres. Cuarto minuto. Respira profundo, mientras llevas la atención a tu cuerpo. Siente tu cuerpo, cómo está y cómo manifiesta lo que sientes, lo que callas, lo que guardas. Tu cuerpo tiene memoria, y todo se cura con amor. Percibe cómo sientes los pies. Cómo sientes el aire que entra y sale por tus pulmones. Qué sienten tus manos. Qué parte de tu cuerpo se siente tensa. Siente cómo pones amor en cada extremo, en cada parte de tu cuerpo, y ese amor va sanando tensiones mientras respiras, dejando salir la tensión de tu cuerpo con cada respiración. Quinto minuto. El amor vive dentro de ti. Imagínate cómo serías si te miraras sin juicio, viendo solo tu belleza, tus fortalezas, tus cualidades. Siente cómo te amas cuando te miras desde ahí, y en cada respiración vas profundizando también en ese sentimiento, en esa mirada de amor, llena de luz y de amor por ti. Mira cómo te sientes cuando te miras desde ahí, y que esa sensación se quede contigo.

Antes de abrir los ojos, respira tres veces. Inhala llenando los pulmones y exhala lento. También puedes suspirar y soltar todo lo que no quieras que se quede en ti. Vuelve a tu cuerpo llena de amor, y agradecida a ti misma por haberte regalado esta práctica, porque amar tu cuerpo es amarte a ti; es la casa de tu alma. Habítate con amor y gratitud.

Date las gracias por regalarte esta práctica.

## 5.
## Meditación de amor y conexión con tu cuerpo

Cierra los ojos, siente.

Respira profundo por la nariz, concéntrate en tu respiración.

Escúchate.

Permítete sentir tu cuerpo. ¿Qué te está diciendo? ¿Dónde te lo dice? Lleva tu atención a cada parte de tu cuerpo que quieras para conectarte con él. Tus manos, tus brazos. Tu pecho. Tu vientre. Tus caderas. Tu zona genital. Tus piernas. Tus pies. Los dedos de tus pies. Ve paseando tu atención por todo el cuerpo, y puedes pararte donde sientas que quieres hacerlo. Bien porque te duele, porque te apetece o porque nunca le habías prestado tu atención como ahora. Confía en tu intuición. Quédate unos segundos donde te haya llevado tu intuición. Respira, y con cada respiración, das luz a ese lugar, te abres a escuchar qué te dice, qué historia te cuenta ese lugar de ti, qué ha callado tanto tiempo. Te das unos segundos para sentirte, para escucharte, para respirarte. Quédate contigo.

Sigue el camino hacia tu corazón, y escúchalo. ¿Qué te dice? Quédate ahí y conéctate con su latido, con su energía, con su voz. Tu corazón tiene mucho que decirte, solo tienes que escuchar.

Acepta lo que sientes. Sin juzgar. Solo observa, siente, vive la experiencia de sentir lo que estás sintiendo. Si tienes dolor, llora, si tienes amor, llora de amor, o simplemente sonríe. No juzgues, siente.

Respira. Respira profundo, y suelta todo lo que tu cuerpo tenía guardado, inhala paz, exhala tensiones, miedos, tristezas, rencor. Así una y otra vez.

Puedes ponerte de pie, con los ojos cerrados, sintiendo tu cuerpo tocando el suelo con los pies, siempre segura, pero permitiéndote ser tú en movimiento. Puedes moverte como tu cuerpo sienta. Mueve tus brazos —arriba, abajo—, como si estuvieras danzando. Mueve tu cadera, tus piernas, tu cintura. Puedes doblarte, girar, mover los pies, bailar. Tu cuerpo necesita sentirte. Tu cuerpo necesita liberarse, expresarse, conectarse contigo, ser voz de tu corazón. Con el movimiento liberas tensiones, limpias la energía, y te sientes feliz. Traes a tu vida la alegría, la felicidad, te conectas con tu niña interior. ¿Puedes sentirla? Está bailando contigo. Puedes darte lo que necesitas a cada momento. Un abrazo. Una caricia. Parar. Seguir. Saltar. Siente qué necesitas y hazlo.

Vuelve a tu centro, a tu equilibrio, a ti. Respira profundo.

Regálate calma mientras respiras, y trae tu mente al aquí y ahora. Estás feliz, estás calmada, estás conectada contigo y con tu corazón. Lo has conseguido.

Puedes ir abriendo los ojos poco a poco, sin prisa, hasta volver. Date las gracias por regalarte esta práctica desde tu amor y con amor.

## Rueda del autoamor

En *coaching* utilizamos una herramienta muy sencilla para comenzar a trabajar con el cliente: le llamamos *la rueda de la vida*. En ella, podemos puntuarnos en diferentes áreas de nuestra vida, y ver en cuáles de ellas nuestra vida está equilibrada, y en cuáles tendríamos que trabajar para equilibrarlas.

Me he permitido tunearla y crear la rueda del autoamor, en base al modelo *10A de autoamor*, para que puedas hacer lo mismo en relación al amor con las diferentes áreas que hemos visto en este libro. Te ayudará a ver de forma gráfica en qué áreas lo estás haciendo bien o muy bien, y en qué áreas puedes poner tu foco para avanzar y mejorar de cara a tu objetivo: amarte más y mejor.

### Instrucciones:

Es muy sencillo. Enfócate en cada ítem/área, y reflexiona. Permítete ver de forma honesta cómo está de presente en tu día día. Y puntúa en su color, del 1 al 5: 1, muy poco o casi nada, y 5, mucho o siempre.

Cuando termines con cada ítem, une las puntuaciones de forma que te salga una figura. Analiza tu dibujo, valora el impacto visual, y escribe qué tienes muy presente en ti, y en tu día a día, y a qué tienes que poner más atención y energía para seguir desarrollándote en tu camino de autoamor.

*Lo ideal es que si quieres mejorar algo, le pongas atención, te conectes con tu motivación (para qué lo quieres cambiar) y desarrolles algunos pasos que te ayuden a conseguirlo (acción).*

Áreas/elementos a puntuar:

1. **Autoconocimiento y autoaceptación** incondicional: el primer paso para amarte es conocerte, descubrirte, y aceptarte, con tus posibilidades y limitaciones. Con tus errores y tu valor. Desde ahí puedes construirlo todo. Sin eso, todo lo que construyas, en algún momento, se derrumbará.
2. **Autocuidado y respeto:** aprender a sentir qué necesitas, tomar conciencia y permitirte dártelo. Cuidar de ti, por dentro y por fuera. Respetarte. Aprender a darte tu lugar, tu espacio, tu tiempo, cuando así lo necesites, por tu bienestar. Si no te cuidas, no te amas.
3. **Autocompasión y amor bondadoso:** aprender a amarte cuando no te ames. A cuidar de ti cuando te necesites, con el amor y compasión con los que cuidarías a alguien

que te necesita. «Amabilidad y amor contigo misma, sentirte conectada al amor del mundo y no juzgarte». *(Neff 2003).*

4. **Autogestión emocional:** cuánto me siento conectada a lo que siento, mi conciencia emocional y cómo me relaciono con mis emociones.
5. **Afirmación de tu cuerpo y tu sexualidad:** aceptar tu cuerpo como es, vivir tu cuerpo y tu sexualidad, amarte como eres.
6. **Autoconfianza y autoliderazgo:** conocerte es también aprender a confiar en ti, conocer tus fortalezas y recursos personales, y sentir que lideras tu vida. Apostar y conseguir tus sueños y objetivos.
7. **Autovaloración y gratitud:** sentir el valor que tienes. Sentirte merecedora de amor y de éxito. Relacionarte desde la seguridad. Desarrollar una mirada de admiración y gratitud hacia ti misma y tu historia. A lo que fuiste, eres y serás capaz de ser.
8. **Alma y esencia:** sentirte conectada con tu alma, con tu espiritualidad, con tu ser. Confiar en tu intuición, en tu sabiduría y tus tiempos. SER.

9. **Asertividad y relaciones sanas:** establecer límites sanos, relacionarte desde el respeto a ti, relaciones equilibradas y sanas. Compasión y amor por los demás.
10. **Actitud ante la vida:** relacionarte con la vida desde el amor a ti, con actitud positiva, esperanza, optimismo y confianza, para vivir desde una actitud de bienestar y felicidad.

Ejemplo de la rueda con las valoraciones en cada área:

**La Rueda del Autoamor**

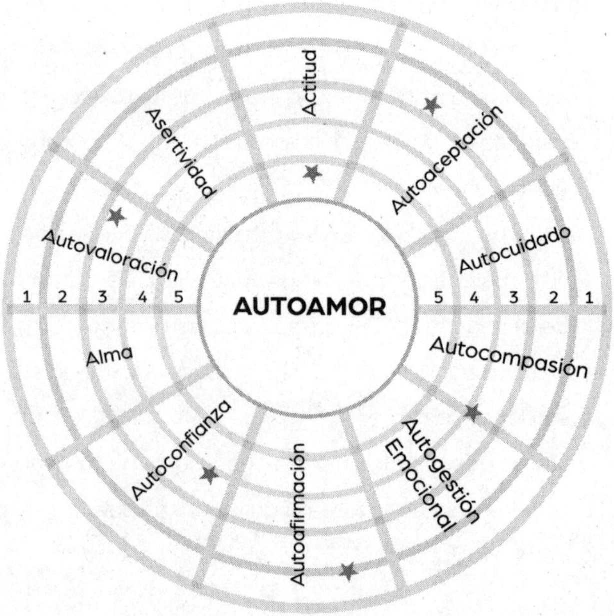

Ahora puedes hacer aquí tu propia rueda:

**La Rueda del Autoamor**

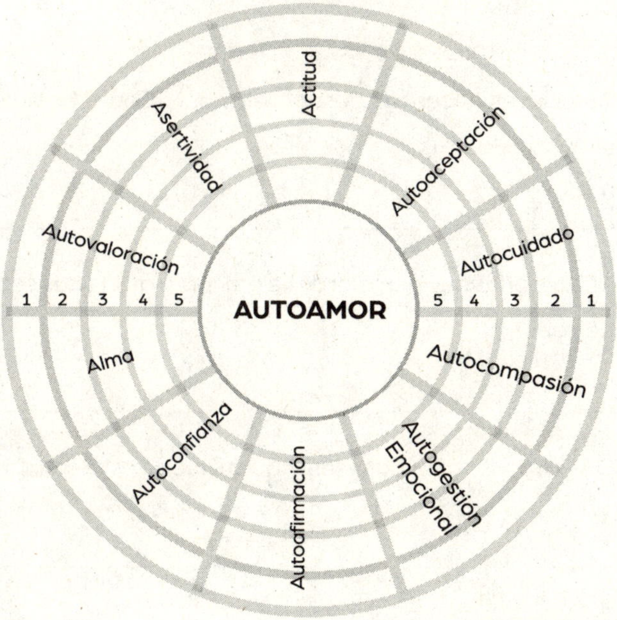

- ¿Qué áreas puntúan más en tu vida actual? ¿Cómo te hacen sentir?

.............................................................................................................

- ¿Qué claves necesitas desarrollar más? ¿Cómo podrías hacerlo?

.............................................................................................................

- ¿Qué tendrías que cambiar o mejorar para que todas se acerquen al 5?

.............................................................................................................

- ¿Qué podrías hacer para sentir que tu rueda está equilibrada?

.............................................................................................................

## Tu best selflove

Te invito a sentarte contigo y dedicarte unos minutos al realizar esta actividad, en la que se mezcla la visualización con la proyección de tus mejores posibilidades.

El objetivo de este ejercicio es que pienses sobre «tu mejor yo posible». Ese yo conectado al autoamor, lleno de cuidado, cariño, respeto, atención y amor a ti misma.

Material: Necesitarás una cartulina, pegamento, tijeras, revistas, fotografías, rotuladores y colores, y mucho amor. Duración: 1 hora.

Es una herramienta a desarrollar en dos pasos:

### Paso 1: visualización.

Cierra los ojos e imagínate en un futuro cercano, en el que has conseguido amarte de la forma más bonita posible. Ahora todo lo que has aprendido del autoamor está en ti, en tu forma de ser, de vivir, de sentir, de relacionarte.

Piensa en tu mejor versión, tu mejor tú, en 3 ámbitos de tu vida: personal, profesional, y en tus relaciones.

¿Cómo eres tú cuando te amas? ¿Qué sientes? ¿Qué piensas?

¿Cómo ves el mundo desde ahí?

¿Cómo te relacionas con tus sueños y objetivos?

¿Qué quieres?

¿Cómo te relacionas con los demás desde el autoamor?

¿Cuál es tu lugar en tu relación con los demás?

Siente todo esto. Siente cómo eres en tu vida desde ahí.

### Paso 2: proyección.

Ahora quédate con todo eso que hay en ti, con las respuestas a estas preguntas, con lo que sientes cuando has conseguido *tu best selflove*, y proyéctalo fuera. En una cartulina, proyecta con imágenes de revistas, fotografías, y palabras o frases, lo que estás sintiendo. Recuerda que todo lo que proyectes ahí eres tú cuando te amas, cuando has conseguido que el autoamor sea tu eje, y se refleja en tu vida personal, profesional y en tus relaciones.

Disfruta creando ese collage que te recuerde cada segundo lo que puedes llegar a ser.

Con este ejercicio conseguirás visualizar, sentir, conectarte y clarificar la relación que quieres tener contigo.

Ponlo donde puedas verlo, y conéctate con la sensación de estar en ese lugar de autoamor cada vez que lo necesites.

¿Cómo soy cuando me amo?

¿Cómo me relaciono con el mundo cuando me amo?

¿Qué sueño, qué quiero?

Me siento, me reconozco, me encuentro.

¿Cómo es mi vida cuando me amo, me respeto y me doy mi lugar?

Siento

visualizo

proyecto

áreas personal, profesional
y en mis relaciones

# El reto:
# #99díasdeautoamor

## El reto de los 99 días de autoamor

Pasar de la reflexión a la acción es todo un reto.

Quedarte en la reflexión te puede hacer sentir peor que no saber todo lo que sabes ahora. Por ello, la mejor forma de pasar a la acción es paso a paso.

Cada día un paso, algo diferente, algo para ti, y, sin apenas darte cuenta, habrás cumplido una lista de pequeñas acciones que, juntas, forman algo inmensamente grande: el autoamor.

Significará que cada día te has cuidado un poco más, te has mirado un poco más, te has escuchado un poco más.

Significará que, apenas sin darte cuenta, cada día has hecho algo por y para ti. Significará que estarás cuidando todos tus planos: físico (cuerpo), espiritual (alma), mental (pensamientos) y emocional (emociones), con un pequeño gesto cada día. Significará que el día 99 podrás decir: me estoy amando, y valorar en ese momento si quieres seguir en ese camino que ya has comenzado y seguir amándote.

El autoamor es un compromiso que adquieres contigo cada día, atendiéndote, escuchándote, respetándote, cuidándote y amándote, y es algo a lo que tienes que poner atención.

Espero que con este reto #99díasdeautoamor hagas realidad en ti todo lo que has sentido con este libro, y sientas que estás en el camino de sentir el milagro que eres y de sentir esa bondad incondicional, amor y apoyo contigo misma.

Te recomiendo un cuaderno para que te acompañe en este reto. Será un encuentro inolvidable. CONTIGO.

Recuerda que el autoamor no es un destino al que llegar, es un camino que disfrutar,

paso a paso, reto a reto, hasta que un día puedes sentir cómo el amor incondicional te inunda y te llena de aceptación, respeto, presencia y conciencia.

Y desde ahí, amarás el mundo.

Comenzamos.

# RETO 99 DÍAS DE AUTOAMOR

- ☐ **1.** Date un baño relajante. Si no tienes bañera, una ducha relajante. Ponte velas y música especial. Prueba con Ludovico.
- ☐ **2.** Incorpora la meditación en este reto. Cada día unos minutos. Lo que sientas. Lo que quieras. Solo tú, contigo.
- ☐ **3.** Durante este reto, mírate al espejo cada día, en cualquier momento, y sonríete. Con aceptación, complicidad, amor. Encuéntrate contigo.
- ☐ **4.** Ponte tu música preferida y disfruta de ti durante un rato.
- ☐ **5.** Escribe esas creencias que habitan tu mente y te hacen daño. Anótalas una a una. Míralas de frente. Tipo: «no hay nadie para mí», «soy complicada», y esas creencias adquiridas que te están haciendo daño. Luego reencuadra: anota al lado lo contrario y léelo varias veces. «Hay un amor precioso para mí». «Soy especial».
- ☐ **6.** Pasa un ratito a solas contigo haciendo algo que te encante.
- ☐ **7.** Escribe un texto para ti. Lo que sientas. Luego léetelo en voz alta.
- ☐ **8.** Regálate un día o dos fuera de casa, solo para ti.

- ☐ **9.** Recuerda algo de tu infancia que te haga conectarte con tu niña interior. Busca fotos, cosas, y dedícale un ratito a comprenderla y amarla.
- ☐ **10.** Baila en casa con tu música preferida.
- ☐ **11.** Pasea por tu lugar preferido sintiendo paz
- ☐ **12.** Ve atardecer, agradeciendo el día.
- ☐ **13.** Ve amanecer, agradeciendo estar aquí.
- ☐ **14.** Descansa en tu sofá tras un día intenso.
- ☐ **15.** Cocina para ti y para quien quieras.
- ☐ **16.** Pon velas, disfruta tu momento.
- ☐ **17.** Medita. Haz una meditación *metta* (busca metta bhavana) o alguna de las que puedes encontrar en este libro.
- ☐ **18.** Haz yoga. Equilíbrate.
- ☐ **19.** Báñate en el mar sintiéndote libre.
- ☐ **20.** Ponte guapa para ti, y luego para los demás.
- ☐ **21.** Hidrátate la piel, el cabello, el cuerpo.
- ☐ **22.** Come hoy tu tarta preferida con atención plena. Disfruta cada bocado. Aquí y ahora.
- ☐ **23.** Respira consciente, dando las gracias por existir.
- ☐ **24.** Haz ejercicio para equilibrar y para sentirte bien contigo. Agradécetelo.

- ☐ **25.** Decora tu hogar para que te dé paz.
- ☐ **26.** Lee libros que te inspiren. Puedes coger uno que te encante, ábrelo por la página cincuenta, y lee lo que pone ahí. Reflexiona sobre lo que te ha salido. A veces son mensajes que llegan a ti.
- ☐ **27.** Cuida tus plantas/flores como parte de ti.
- ☐ **28.** Pide una cita con el médico al que lleves tiempo negándote a ir. Acude a esa cita. Amarte es cuidar tu salud.
- ☐ **29.** Escucha podcast en el coche o en casa, que te inspiren y te conecten con tu motivación y tus sueños.
- ☐ **30.** Borra de tus redes sociales a personas que ya no te suman, no te aportan o no conectan con tu nueva yo.
- ☐ **31.** Ordena el armario para sentir el orden.
- ☐ **32.** Date un masaje sintiendo el autocuidado.
- ☐ **33.** Abraza. Besa. Comparte. Con quien quieras.
- ☐ **34.** Dibuja. Crea. Pinta. Sé creativa.
- ☐ **35.** Colorea mandalas. Conecta con tu niña. Disfruta.
- ☐ **36.** Crea tu espacio. Solo tuyo. Siéntelo.
- ☐ **37.** Camina por la arena. Siente ese momento mágico de conexión.

- ☐ **38.** Regálate un tiempo a solas contigo; puedes estar en familia, pero aléjate de tu rol social, que a veces te aleja de ti. Prioriza qué necesitas.
- ☐ **39.** Siente el aire puro en la montaña.
- ☐ **40.** Escribe 5 mensajes de gratitud a 5 personas especiales que te vengan a la mente ahora mismo.
- ☐ **41.** Respetarte quizá implica cambiar de trabajo porque esté afectando a tu bienestar; en ese caso, planifica, actualiza tu currículum vitae, fórmate, valora iniciar proyectos paralelos y descubre tu nuevo camino con confianza y creyendo en ti.
- ☐ **42.** Si la casa en la que vives no la sientes hogar, tienes que hacer algo; créalo, decora a tu gusto, crea tu rincón especial o, en su caso, cambia de casa. Es muy importante dónde estés para que estés bien.
- ☐ **43.** Escucha llover mientras miras por la ventana.
- ☐ **44.** Cuida tus pensamientos. Piensa bonito.
- ☐ **45.** Imagina escenarios positivos. Entrena el optimismo.
- ☐ **46.** Ríe. Juega. Suelta el control. Disfruta.
- ☐ **47.** Aléjate de las personas tóxicas. Rodéate de amor.
- ☐ **48.** Escúchate. Siéntete. Acéptate. Ámate.

☐ **49.** Escríbele a alguien con quien tengas algo pendiente, y saca eso de ti.

☐ **50.** Busca un lugar en la naturaleza, siéntate un rato y medita en silencio.

☐ **51.** Maquíllate solo para ti. Prueba colores que nunca hayas probado.

☐ **52.** Siente qué emociones están habitándote hoy. Sin juicio. Aplica LCAS (pon luz, comprende, abraza y suelta).

☐ **53.** Juega con tu niña interior hoy. Pinta, colorea, déjate llevar hoy por ella.

☐ **54.** Escribe algo especial a una persona que quieras, y dáselo.

☐ **55.** Regálate un libro que te encante.

☐ **56.** Prepárate un encuentro de amor contigo, puede ser compartido o sola, pero hazlo pensando en ti. Una cena, una copa, un atardecer.

☐ **57.** Haz una lista con todos los logros que has conseguido en tu vida hasta hoy. Tiene que superar los 20 ítems. Mírala y siente el orgullo y la superación

☐ **58.** Identifica si estás dependiendo de alguien o algo. A veces nos escondemos detrás de los demás para no atendernos a nosotros mismos. Una relación, los hijos, una amiga, una relación tóxica. Identifica si hay algo tóxico en tu vida y elige soltarlo y crear tu espacio sin invasiones. Lo necesitas para ser tú.

☐ **59.** Haz un panel de visualización, un panel de sueños. Para que puedas recordar qué quieres y hacia dónde ir.

☐ **60.** Ponte un vestido que te haga sentir preciosa y pasa el día con él. Puede ser en tu casa o en la calle. Regálate tu belleza.

☐ **61.** Compra flores y decora tu hogar con flores de tus colores preferidos. Que te haga sentir feliz.

☐ **62.** Escribe un mail o mensaje a alguien que tengas pendiente de dar una respuesta y dile eso que quieres decirle, sin miedo.

☐ **63.** Regálate una cita en un salón de belleza. Hoy todo para ti.

☐ **64.** Toma decisiones: qué personas eliges tener en tu vida porque te aportan, y qué personas ya no quieres tener más porque te apartan (de ti).

☐ **65.** Camina con los pies descalzos por la arena del mar, por un césped, por la tierra. Lo que puedas hacer. Conectarte con la naturaleza es conectarte contigo.

☐ **66.** Ponte delante del espejo y repite varias veces «te amo».

☐ **67.** Cuida tu cuerpo, tu alimentación, camina, respira, bebe agua. Todo lo que sea sano para ti, hazlo hoy. Cuida tu cuerpo, que es tu templo.

☐ **68.** Escribe en un papel «gracias». Y a continuación, 20 frases de agradecimiento A TI MISMA. Gracias por...

☐ **69.** Hoy vas a tener un día sin limitaciones. Si pudieras soñar y no tener límites, ¿qué serías? ¿Qué harías? ¿Cómo serías tú si no tuvieras miedos? Escríbelo todo en un cuaderno. Disfruta ese encuentro contigo sin los límites de la mente.

☐ **70.** Ponte delante del espejo desnuda y obsérvate como si descubrieras algo inmensamente maravilloso. Eres un milagro del universo.

☐ **71.** Hoy elige repetir cada vez que te acuerdes en el día un mantra de amor: por ejemplo, «me apruebo, me amo incondicionalmente, me respeto». Para ti misma. A ver qué pasa.

☐ **72.** Ensaya una respuesta cordial para el momento en el que necesites decirle a alguien NO. Ser asertiva es aprender a respetarte tú primero.

☐ **73.** Enfócate en lo positivo. Hoy deja de decir lo que no te quieres o no te gusta, nada de quejas; enfócate en lo que sí quieres o tienes. Verás qué pasa.

☐ **74.** Planifica un fin de semana en la playa. Contigo misma o con alguna amiga especial. Tener ese plan especial en el horizonte, te hará muy feliz mientras llega, y también cuando lo estés disfrutando.

☐ **75.** Vive relaciones sexuales conscientes: entrega tu cuerpo a quien quieras con consciencia, porque quieres disfrutar, sentir, pero no porque sientas que «es lo normal» o «deberías». Respeta lo que sientes en cada momento.

☐ **76.** Cambia exigencia por amor y valoración. No puedes ser maravillosa en todo; observa en qué dos o tres cosas eres mejor y disfruta de ese don, ese talento. Disfruta de cómo eres tú cuando haces lo que te gusta.

☐ **77.** Pide ayuda. Hay cosas y áreas de tu vida en las que sola no puedes. Es el momento de hacerlo: pide ayuda a alguien que creas que te puede ayudar a superarlo, a mejorar, a impulsar un cambio. Hacer eso por ti es un gran regalo.

☐ **78.** Es el momento de decir lo siento. Todos nos equivocamos. Envía ese mensaje de «lo siento» que sigue anidado en tu corazón, y no esperes respuesta: hazlo por ti. Si te responde, ya tienes dos regalos.

☐ **79.** Incorpora el mantra «estoy lista para esto» cuando venga algo nuevo, tengas que tomar una decisión y sientas miedo, o cuando tengas miedo a intentarlo. Se abrirá en ti un universo de confianza

☐ **80.** Dibuja un círculo. Pon dentro de él las personas de confianza ciega que tienes en tu vida. Dibuja otro círculo concéntrico. Escribe el nombre de las personas de confianza menos ciega que tienes en tu vida. Y alrededor están todas las demás. Ya sabes a quién le tienes que contar tus problemas y tus sueños, solo a los del primer círculo.

☐ **81.** Detecta una sensación incómoda en ti, permítete sentirla, ponle nombre, responsabilízate de ella y, después haz algo para cambiarla o dejarla ahí. Estás aprendiendo a conocerte.

☐ **82.** Anota tus preocupaciones en una hoja. Al escribirlo lo estás quitando de tu mente, lo descargas. A final de semana revísalas, y sabrás si de verdad eran para tanto.

☐ **83.** Escribe una lista de deseos. Poder ir cumpliéndolos te harán sentir increíble. Regálate un rato pensando en ellos. Desear es el primer paso para hacerlos realidad.

☐ **84.** Cocina para ti. Elige alimentos sanos y que te encanten y crea una receta diferente para ti misma. Disfruta del proceso y del resultado.

☐ **85.** Elige a cinco personas que admires personal o profesionalmente, y escríbeles un mensaje de «te admiro», y cuéntales lo que te aportan en tu camino de crecimiento.

☐ **86.** El placer de tomar una siesta después de comer no siempre es posible, ¿qué tal hoy? Sentir que tienes tiempo para ti, para descansar y cuidar tu cuerpo y tu mente, es un gran regalo.

☐ **87.** Cuida tu diálogo interno. Hoy solo está permitido pensar en positivo, decirte cosas bonitas, palabras de amor y comprensión, como si fueses alguien muy especial y sensible al que hay que cuidar. Porque en realidad es así.

☐ **88.** Regálate unas horas junto a tu madre, tu hermana, o alguien muy especial para ti. Es un regalo que le haces a ella, pero también a ti. Puedes ir de compras, de paseo o a tomar un café. Hazlo con atención plena a esa persona.

☐ **89.** Conoce tu energía. Observa a qué hora eres más productiva, más reflexiva y cuándo estás más cansada. Conocer eso te permite hacerte tu propio horario energético para saber dónde ubicar las tareas y acciones según lo que requiera de ti, de una forma más natural.

☐ **90.** Igual que limpias la casa, hoy puedes limpiar tu mente de pasado. Crea la «caja del pasado», donde guardes todo lo que te recuerda a algo que ya no quieres tener presente, así como escribir cartas y anotaciones para sacarlas de tu mente y guardarlas en tu pasado.

☐ **91.** Acepta más y resiste menos. Prueba a aceptar todo lo que te viene hoy. Sin resistir. Sin que tuviera que ser diferente. Solo lo que es. Entrenar la aceptación te hará más fuerte y confiada en la vida y en ti.

☐ **92.** Baila sola, donde nadie pueda verte, y como nunca has bailado. Con ritmo, sin ritmo, de pie, tumbada. Baila como camino de expresión de todo lo que estás sintiendo en ese instante. Luego mide tu felicidad al sentirte libre.

☐ **93.** Perdónate. Coge tres globos. Ínflalos. En cada uno escribe algo que aún está en ti y no te has perdonado. Haz esta actividad sola, como un ritual de amor a ti. Siente cada palabra que estás escribiendo. Sal a la terraza, o al campo, y suéltalos. Siente cómo con ellos también sueltas, y se va eso que sientes y consigues perdonarte.

☐ **94.** Haz una lista de errores que hayas cometido en tu vida. A continuación, escribe al lado el camino que se abrió con cada error. Descubrirás qué maravillosa es la vida, porque nada es un error, todo lleva a otra cosa que tenía que llegar a ti.

- ☐ **95.** Regálate un día de cero juicios. Y si te gusta, hazlo más. No juicio ni crítica hacia ti misma. Cambia esas duras palabras por otras de ánimo como «tú puedes» o «todo está bien». Usa los mantras de «me apruebo, me amo, y me respeto» y observa qué pasa en ti cuando dejas de juzgarte.
- ☐ **96.** Dibuja tu árbol de fortalezas y logros.
- ☐ **97.** Pregunta a 5 personas cosas bonitas de ti y anótalas aunque no estés de acuerdo. Ponlas en un lugar visible y míralas varias veces. Eso es lo que ve de ti quien te conoce, ¿por qué tu ves lo peor y ellos lo mejor? Entrena tu mirada. Comienza a mirarte como te ven ellos. Reconoce en ti lo que ven los demás.
- ☐ **98.** Confía en tu intuición. Presta hoy atención a tus sensaciones. Eso que te está diciendo tu cuerpo respecto a algunas personas, lugares o situaciones, y dales espacio. Reconocer que te está diciendo algo es un primer paso para entender.
- ☐ **99.** Ordena tu interior y tu exterior.
- ☐ **100.** Utiliza las herramientas que necesites para conectarte contigo y descubrir más de ti.

## FILAUTÍA

Es un concepto de origen
griego que significa amor a uno mismo.
Implica la reconciliación con
lo que uno es y con la
propia existencia.

(Si eres madre, tía, hermana, profesora o amiga, quizá te ayude esto).

## BONUS: Autoamor para niñas

Imagino cómo de diferente hubiese sido mi vida si me hubiesen enseñado a amarme de pequeña. Sin saberlo con exactitud, supongo que lo podría resumir en una frase: menos sufrimiento y más felicidad.

Dos cosas importantes: 1. Tus padres, mis padres, lo hicieron lo mejor que sabían. Esto quiere decir que no podemos atribuirles la responsabilidad de cómo nos sentimos hoy. Son experiencias que de alguna manera teníamos que vivir para ser quienes somos hoy y dar lo que estamos dando al mundo. Y 2. Desde este momento solo tú eres responsable de cómo te sientes contigo misma y con el mundo, lo que eliges pensar y cómo eliges vivir.

Desde esa autorresponsabilidad puedes tomar las riendas de tu vida, de tus sueños, de tus relaciones, y de cómo quieres sentir. Asumir tu papel en el cambio es el primer paso para provocarlo. Si estás preparada, es tu momento.

Ahora quiero contarte por qué he incluido este punto en este libro.

A diez páginas de terminarlo, viví una situación en mi casa que me mostró que tenía que crear un espacio en este libro para hablar de ello.

Tengo una hija, Norah, que en el momento de escribir este libro tiene 11 años, ya mismo cumple 12. Una noche, en una conversación, se puso triste hablando de un tema conmigo, y enlazando respuestas acabamos hablando de cómo se veía a ella misma. Por supuesto, las palabras que tenía para ella misma no eran positivas, propio de la edad, los cambios y la construcción de la autoimagen en plena adolescencia. Sin apenas darme cuenta y como parte de la conversación, hice con ella un trabajo de afirmaciones positivas sobre su propio valor que le calmó, le ayudó y le enseñó mucho. Y a mí también. Como siempre he dicho, ella es mi mayor maestra, y así lo sigue siendo y lo será. Ella es la que más me ha enseñado del amor, a amarme yo y a amarla a ella; a respetarme, poner límites, crear mi espacio, creer en mí, y todo lo que puedes leer en este libro. De hecho, es cuando ella nace cuando siento que tengo que evolucionar, y cuando escribo mi primer libro. Y desde ahí todo es crecimiento y evolución.

Si tienes hijas, hijos, eres profesor o trabajas con niñas y niños, hay muchas cosas en esta línea que podemos hacer para ayudarlos a conectarse con el *autoamor*. Te dejo algunas:

- **Cómo se hablan.** Que atiendan a su diálogo interior. Asegúrate de que aprenden a hablarse en positivo y dejan de usar frases como «soy tonta», «no sé hacerlo», «no valgo». En niñas pequeñas es fácil porque el diálogo interno lo suelen verbalizar.
- **Cómo se ven.** Facilítale que aprenda a mirarse bonito, no solo lo que no le gusta, que es lo primero que verá; ayúdala a que vea también lo que sí le gusta. Tener una mirada bondadosa a una misma le va a ayudar a crecer con más seguridad en ella misma y enfocándose en lo que sí le gusta.
- **Cómo se sienten.** En una época de cambios físicos, biológicos, corporales, aprender a amar todo lo que sienten les ayuda a amarse ellas. A aceptarse. A comprenderse. A no rechazar lo que «no está bien» porque entienden que todo está bien. Les puedes ayudar a identificar lo que sienten, conocer el origen, ponerle nombre y normalizar su estado. Eso les ayudará a integrar todo como parte de ellas mismas.
- **Cómo piensan.** Si aprenden a identificar cómo piensan y cómo se pueden hacer daño con sus pensamientos desde pequeñas, las ayudaremos a guiar su pensamiento en positivo. Pensamientos de inferioridad, de no ser adecuada,

de no ser suficiente, son ejemplos de pensamientos sesgados que viven en ellas. Ante esos pensamientos, podemos hacerles preguntas que las pongan en evidencia y las ayudaremos a descartarlos y a pensar desde la confianza y el poder personal.

- **Qué hacen.** Podemos ayudarlas a que aprendan a cuidarse desde pequeñas. Como cuidar un espacio personal donde se sientan a gusto, cuidar su imagen, su cuerpo y su piel, cuidar con quién se relacionan, porque todo eso es autoamor. Aprender a darse su lugar y a tenerse en cuenta.
- **Qué dicen.** Recuerda que lo que se dicen crea su realidad. Puedes crear con ella una lista de frases positivas, afirmaciones o mantras que la ayude a recordarse continuamente su valor. Puedes usar la lista YO que hice para ti, o la lista de mantras de autoamor de este libro, y ponerlas en su habitación.
- **Qué creen.** Es en esta edad cuando las creencias adquiridas (irracionales e inconscientes la mayoría) van saliendo en modo de pensamientos, verbalizaciones o excusas. Se las podemos mostrar, para que las identifiquen y confronten, y ayudarlas a desestimar creencias negativas para ellas, y fomentar que crean en lo más importante: ellas mismas.

Esa noche, después de que me contara cómo se sentía, cómo se veía, sentí que no era capaz de ver su belleza, su inteligencia, su talento, porque tenemos una morada sesgada de nosotras mismas. Siempre necesitamos que alguien nos ayude a tener una imagen positiva de nosotras mismas, a creer en nuestro valor, a mirarnos bonito. Y trabajé las afirmaciones positivas de una manera informal pero muy efectiva. Le pedí que dijera en voz alta estas afirmaciones, según lo que vi que necesitaba en ese momento:

Soy buena persona

Soy buena estudiante

Soy muy inteligente

Soy bonita

Soy creativa

Soy buena deportista

Quiero todo de mí.

...

Y un aprendizaje para toda la vida: enseñarles a amarse ellas, aunque no las quieran los demás.

«Serás foco de envidias, críticas, comentarios, continuamente, porque en la vida vamos a encontrar de todo; la única herramienta que tienes para afrontar ese daño se llama quererte».

Esas palabras me salieron del corazón hacia ella. Ojalá pudiera evitarle todos los daños. Ojalá pudiera esconderla de las críticas y las envidias que probablemente tendrá que sufrir. Pero la vida real implica que ella tendrá que vivirlo, que aprender, que crecer con ese sufrimiento, como hemos hecho todas, y si al menos puedo enseñarle cómo afrontarlo, que siempre sea con amor.

Con amor a sí misma.

Cuando te amas, ningún daño tiene más poder que tú.

Ojalá algo de lo que podamos regalarles a las más pequeñas, les ayude a crecer conociéndose, a mirarse bonito, a vivir amándose. Porque es el mejor legado que les podemos dejar.

Gracias, Norah, por ser cada día mi maestra. Te amo.

## Así lo contaron ellos:

A lo largo de la historia, grandes pensadores, escritores y personajes han transmitido con sus letras el camino que descubrieron para llegar a ellos mismos. Hoy quiero regalarte aquí algunos de los textos más bellos con los que ellos han sentido el camino.

Si te inspiras al leerlos, puedes escribir el tuyo. Y si te apetece compartirlo, puedes compartirlo en RRSS con el hashtag #libroautoamor.

«Cuando me amé de verdad, comprendí que en cualquier circunstancia, yo estaba en el lugar correcto y en el momento preciso. Y, entonces, pude relajarme. Hoy sé que eso tiene nombre... autoestima.

Cuando me amé de verdad, pude percibir que mi angustia y mi sufrimiento emocional, no son sino señales de que voy contra mis propias verdades. Hoy sé que eso es... autenticidad.

Cuando me amé de verdad, dejé de desear que mi vida fuera diferente, y comencé a ver que todo lo que acontece contribuye a mi crecimiento. Hoy sé que eso se llama... madurez.

Cuando me amé de verdad, comencé a comprender por qué es ofensivo tratar de forzar una situación o a una persona, solo para alcanzar aquello que deseo, aun sabiendo que no es el momento o que la persona (tal vez yo mismo) no está preparada. Hoy sé que el nombre de eso es... respeto.

Cuando me amé de verdad, comencé a librarme de todo lo que no fuese saludable: personas y situaciones, todo y cualquier cosa que me empujara hacia abajo. Al principio, mi razón llamó egoísmo a esa actitud. Hoy sé que se llama... amor hacia uno mismo.

Cuando me amé de verdad, dejé de preocuparme por no tener tiempo libre y desistí de hacer grandes planes, abandoné los megaproyectos de futuro. Hoy hago lo que encuentro correcto, lo que me gusta, cuando quiero y a mi propio ritmo. Hoy sé que eso es... simplicidad.

Cuando me amé de verdad, desistí de querer tener siempre la razón y, con eso, erré muchas menos veces. Así descubrí la... humildad.

Cuando me amé de verdad, desistí de quedar reviviendo el pasado y de preocuparme por el futuro. Ahora, me mantengo en el presente, que es donde la vida acontece. Hoy vivo un día a la vez. Y eso se llama... plenitud.

Cuando me amé de verdad, comprendí que mi mente puede atormentarme y decepcionarme. Pero cuando yo la coloco al servicio de mi corazón, es una valiosa aliada. Y esto es... saber vivir! No debemos tener miedo de cuestionarnos... Hasta los planetas chocan y del caos nacen las estrellas».

**Charles Chaplin**

«Tú puedes escribirme en la historia
con tus amargas, torcidas mentiras,
puedes aventarme al fango
y aun así, como el polvo... me levanto.
¿Mi descaro te molesta?
¿Por qué estás ahí quieto, apesadumbrado?
Porque camino
como si fuera dueña de pozos petroleros
bombeando en la sala de mi casa...
Como lunas y como soles,
con la certeza de las mareas,
como las esperanzas brincando alto,
así... yo me levanto.
¿Me quieres ver destrozada?
cabeza agachada y ojos bajos,

hombros caídos como lágrimas,
debilitados por mi llanto desconsolado.
¿Mi arrogancia te ofende?
No lo tomes tan a pecho,
porque yo río como si tuviera minas de oro
excavándose en el mismo patio de mi casa.
Puedes dispararme con tus palabras,
puedes herirme con tus ojos,
puedes matarme con tu odio,
y aun así, como el aire, me levanto.
¿Mi sensualidad te molesta?
¿Surge como una sorpresa
que yo baile como si tuviera diamantes
ahí, donde se encuentran mis muslos?
De las barracas de vergüenza de la historia
yo me levanto
desde el pasado enraizado en dolor
yo me levanto
soy un negro océano, amplio e inquieto,
manando
me extiendo, sobre la marea,

dejando atrás noches de temor, de terror,
me levanto,
a un amanecer maravillosamente claro,
me levanto,
brindado los regalos legados por mis ancestros.
Yo soy el sueño y la esperanza del esclavo.
Me levanto.
Me levanto.
Me levanto».

**Maya Angelou, 1928– 2014**

♥

«Nuestro miedo más profundo no es el de ser inapropiados.
Nuestro miedo más profundo es el de ser poderosos más allá de toda medida.
Es nuestra luz, no nuestra oscuridad, lo que nos asusta.
Nos preguntamos: ¿Quién soy yo para ser brillante, precioso, talentoso y fabuloso? Más bien, la pregunta es: ¿Quién eres tú para no serlo? Eres hijo del universo.
No hay nada iluminador en encogerte para que otras personas cerca de ti no se sientan inseguras.

Nacemos para poner de manifiesto la gloria del universo que está dentro de nosotros, como lo hacen los niños. Has nacido para manifestar la gloria divina que existe en nuestro interior. No está solamente en algunos de nosotros: Está dentro de todos y cada uno.

Y mientras dejamos lucir nuestra propia luz, inconscientemente damos permiso a otras personas para hacer lo mismo. Y al liberarnos de nuestro miedo, nuestra presencia automáticamente libera a los demás».

**Marianne Williamson**

♥

«El ser humano es una casa de huéspedes.
Cada mañana un nuevo recién llegado.
Una alegría, una tristeza, una maldad
Cierta conciencia momentánea llega
Como un visitante inesperado.
¡Dales la bienvenida y recíbelos a todos!
Incluso si fueran una muchedumbre de lamentos,
Que vacían tu casa con violencia
Aún así, trata a cada huésped con honor

Puede estar creándote el espacio
Para un nuevo deleite
Al pensamiento oscuro, a la vergüenza, a la malicia,
Recíbelos en la puerta riendo
E invítalos a entrar
Sé agradecido con quien quiera que venga
Porque cada uno ha sido enviado
Como un guía del más allá».

**Poema de Rumi, poeta sufí del siglo XIII.**

«Cierra tus ojos y verás claramente.
Cesa de escuchar y oirás la verdad.
Permanece en silencio y tu corazón cantará.
No anheles ningún contacto y encontrarás la unión.
Permanece quieto y te mecerá la marea del universo.
Relájate y no necesitarás ninguna fuerza.
Sé paciente y alcanzarás todas las cosas.
Sé humilde y permanecerás entero.
Cuando las cosas anheladas ya no se desean, llegan.
Cuando las cosas temidas ya no se temen, se alejan».

**Poema de Lao Tse**

«Respira y comprende que estás vivo.
Respira y comprende que todo te está ayudando.
Respira y comprende que tú eres el mundo.
Respira en la compasión y exhala alegría.
Respira y sé uno con el aire que respiras.
Respira y sé uno con el río que fluye.
Respira y sé uno con la tierra que pisas.
Respira y sé uno con el fuego que brilla.
Respira y descarta la idea de nacimiento y muerte.
Respira y verás que la impermanencia es la vida.
Respira por tu alegría de ser estable y sereno.
Respira para que tu dolor fluya.
Respira para renovar todas las células de la sangre.
Respira para renovar las profundidades de la consciencia.
Respira y vive en el aquí y ahora.
Respira y todo lo que toques será nuevo y real».

**Thich Nhat Hanh.**

«En el fondo de mi ser hay un pozo infinito de gratitud, mi cuerpo y mi mente se llenan con esta gratitud y sale en todas direcciones, llega al mundo y este me la devuelve en forma de cosas agradables, así que ahora tengo aún más que agradecer.

Cuanto más gratitud siento, más consciente estoy de que la provisión es infinita, expresar esta gratitud me hace sentir muy bien, siento como un calorcito agradable en mi vida.

Agradezco al universo por mi cuerpo, por mis manos, por mi capacidad de ver y oír, de aprender y enseñar.

Agradezco al universo porque tengo un hermoso negocio y lo cuido amorosamente. Doy gracias también por mi familia, por mis clientes, alumnos y amigos, por mis compañeros de trabajo y colaboradores y disfruto de su compañía.

Agradezco al universo porque tengo trabajo y en todo momento doy lo mejor de mí. Agradezco mis talentos y capacidades y los expreso constantemente. Doy gracias al universo por mis ingresos y sé que en donde esté, siempre soy y seré una persona próspera.

Agradezco mis errores y experiencias pasadas porque sé que han formado parte del crecimiento de mi alma.

Agradezco a la naturaleza todo lo que me da y respeto a los seres vivos. Doy gracias por el día de hoy y por todos los mañanas que habré de vivir.

Siento gratitud por la vida misma, aquí, ahora y siempre».

**Louise Hay. *Oración de gratitud***

♥

«El amor no es una relación. El amor es un estado; no tiene nada que ver con nadie más. Uno no se enamora, uno es amor. Por supuesto, si eres amor estás enamorado, pero ese es el resultado, la consecuencia, pero no el origen.

El origen es que eres amor.

¿Quién puede ser amor? Evidentemente, si no eres consciente de quién eres, no podrás ser amor. Serás miedo. El miedo es exactamente lo contrario del amor. Recuerda que el odio no es lo contrario del amor, como la gente piensa. El odio es amor al revés, no es lo contrario del amor. Lo contrario del amor realmente es el miedo. Con el amor te expandes, con el miedo te encoges. Con el miedo te cierras, con el amor te abres. Con el miedo dudas, con el amor confías. Con el miedo te quedas en soledad. Con el amor desapareces; se desvanece la cuestión de la soledad. Si no existes, ¿cómo te puedes sentir solo? Entonces, estos árboles, los pájaros, las nubes, el sol y las estrellas están dentro de ti. El amor es cuando conoces tu cielo interno».

**Osho**

♥

«La verdadera luz es la que emana del interior del ser humano. Revela al alma los secretos del corazón, para que se sienta feliz y satisfecha de la vida.

La verdad es como las estrellas.

No se manifiesta sino en las tinieblas de la noche.

La verdad es como todas las cosas hermosas de este mundo.

No revela su belleza sino a aquellos que conocen los efectos de la falsedad.

La verdad es una bondad profunda que nos enseña a amar la vida cotidiana y a compartir con los demás esa misma felicidad».

**Kahlil Gibran**

♥

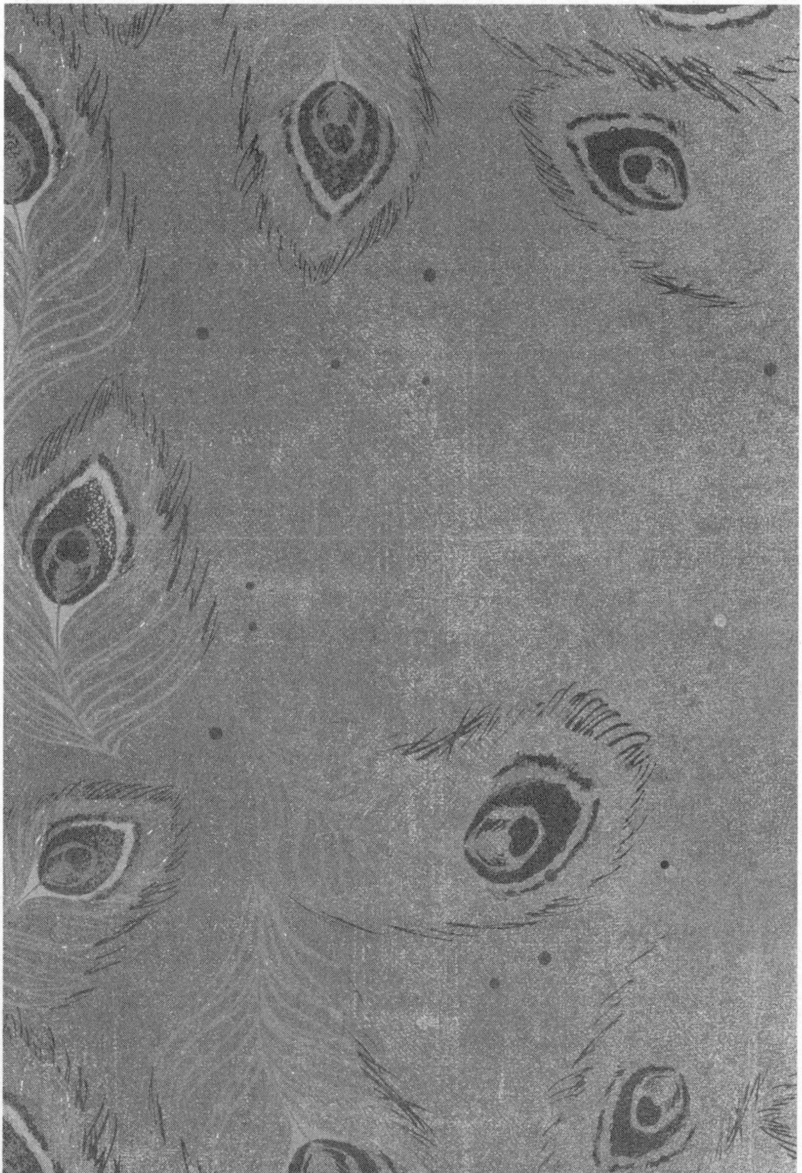

No busques fuera y lejos
lo que está cerca y dentro.

Thich Nhat-Hanh

# Epílogo

## Carta a mí misma

Querida yo. Si alguna vez me leo, me lees, me gustaría regalarte algunos aprendizajes que me han costado toda una vida aprender, saber, experimentar, sentir. Nada de esto tiene que servirte a ti, o quizá todo. No importa. Te lo dejo aquí, para que cuando pasen los años, y te pierdas y no te encuentres, o no recuerdes el camino, te sirva de mapa para volver a casa. Para volver a ti.

El camino siempre es hacia adentro. La respuesta siempre está en tu corazón. El destino eres tú. No importa lo que necesites saber; la respuesta siempre está dentro de ti, esperando a ser escuchada. Solo necesitas regalarte el silencio para llegar a ella. Para llegar a ti.

Acepta desde el más puro amor. Aceptar es amar, y solo aceptando todo lo que eres, podrás amarte. Acepta lo que no te gusta, lo que no quieres ver, hasta lo que no ves de ti. Aceptar es abrir la puerta a la transformación, al crecimiento, y solo aceptando todo podrás de verdad amarte y evolucionar.

Tu mejor maestro eres tú. Escucha, lee, aprende, cuestiona, de todo el mundo, porque todo el mundo tiene algo para ti. Incluso de algunas personas más, porque son fuente de sabiduría, conocimiento, experiencia y conexión con su alma. Pero nunca olvides que tu mejor maestra eres tú, tu mayor aprendizaje viene de dentro de ti y tienes tu propia música.

Cree en ti. Todo lo que consigas va a depender de eso. De nada te sirve no creer, hacerte pequeña, dudar de ti. Aun cuando dudes, cree en ti y en todo lo que eres para conseguir lo que quieres.

Disfruta lo que estás viviendo en este momento. Todo pasa, y pasa rápido, lo que te gusta y lo que no. Disfruta cada segundo de todo, porque tanto el sol como la tormenta enseñan.

Permítete ser el lugar de paz que tanto necesitas. No lo esperes de nadie. Si lo encuentras en alguien, abrázalo. Si no, déjalo ir. Tú eres tu paz si eres capaz de crear un mundo de amor dentro de ti.

Conéctate con personas bonitas, esas que cuando te acercas a ellas, te llenan de luz. Personas mágicas que confían en ti, creen en ti y te ayudan a volar cuando no recuerdas cómo.

Regálate el permiso de irte cuando no estés bien. Cuando sientas que quedarte te hace daño. Cuando alguien no vea en ti magia, no sienta tu luz, o disfrute haciéndote pequeña. Porque no lo eres. Aléjate de las personas y lugares que te hacen sentir pequeña, una vez que aprendas lo que traen para ti. Te mereces sentir paz, crecer y evolucionar.

Viaja sola. Encuéntrate contigo en cualquier parte, no importa el lugar. Te encontrarás en lugares lejanos, descubriendo rincones preciosos, y ese día te darás cuenta de que siempre estás contigo, no importa dónde estés.

Perdónate. Perdona todo lo que te hiciste a ti misma y a los demás. Recuerda que en ese momento fue tu mejor opción y no supiste hacerlo diferente. Perdona a tu yo del pasado. Libera tus vínculos con tu pasado, reconcíliate con tus ancestras, reconoce su valor de hacerlo lo mejor que sabían y agradece lo que ha llegado hasta ti. Y ahora libérate, libéralas, y vive el hoy desde la plena conciencia de tu ser y libre de cargas, miedos y deudas.

Perdona a tus padres si sientes que no lo hicieron bien, porque lo hicieron lo mejor que sabían en ese momento, y conéctate con tu niña interior, abrázala fuerte y no la sueltes nunca. Solo así la sanarás, y en el camino, te sanarás tú.

Jamás te compares. En la comparación hay mucho dolor, autoexigencias impuestas y rechazo a lo que es, a lo que eres, porque no se parece o no llega a ese estándar que hemos decidido que es el correcto. ¿Por qué compararte cuando eres única? Todos lo somos. Aunque nos lo hayan hecho, aunque lo hayamos hecho, es el momento de dejar de hacerlo. No tiene sentido compararte cuando no eres a la medida de nadie, solo a la medida de ti misma. Disfruta esa autenticidad, esa idoneidad tan tuya, que te hace única y especial. Y desde esa mirada de admiración y amor a lo único, mira a todos los seres.

Agradece. Agradece todo en la vida. Lo que tienes y lo que no, lo que quieres y lo que está por llegar. Lo que has vivido, las personas que se han ido, porque todas te han enseñado lo que tenían para ti. Agradécete a ti misma intentarlo cada día. Agradece a la vida el regalo de estar aquí. Aprendiendo. Y poder sentir.

Sueña, sueña alto, pisa fuerte para conseguirlo, creyendo en ti y en lo que quieres, porque amarte implica creer en tus sueños. No importa lo que digan, importa lo que te digas tú. Cambia los miedos por determinación, deja de mirar lo que te limita y mira lo que puede ayudarte a llegar. Y sueña, sueña, uno detrás de otro, que nunca nada te deje sin ilusión. Soñar es crecer, evolucionar, vivir creando, vivir creyendo.

Cuando llegue algo inmenso a tu vida, abrázalo. A veces te harás trampas para alejarte de cosas que te saquen de tu zona segura. Pero tienes que aprender a identificar cuando el miedo aparece en forma de excusa, decir gracias y quedarte, y afrontar con la mayor ilusión eso que viene. El miedo se equilibra con amor; recuerda en esos momentos por qué haces lo que haces y recuerda conectarte con tu corazón para crear desde ahí.

Vive. Vive viviendo. No te conformes con pasar los días, elige vivir haciendo de cada día algo único, porque cada día que pasa, no vuelve. Que el tiempo que estés aquí esté lleno de ti, habita el espacio, habita el tiempo, impregna cada cosa que hagas de tu esencia, de tu amor, de ti. Prioriza a las personas sobre todas las cosas; nada importa, solo el amor que sientes por ellos, y el amor que recibes de ellos y de ti. Donde habita el amor, nacen flores. Florece cada día como si fuera único. Despierta vacía de los problemas de ayer, con la ilusión de un nuevo comienzo, desde la magia que es ser tú.

Y ama. Ama como ama el amor: generoso, entregado, sin condiciones, sin espacio, sin tiempo. Que tu vida esté llena de amor, de personas que crecen por estar a tu lado, de momentos que te transforman, que te cambian por dentro, que te hacen infinita y te conectan con tu alma. Ama sin miedos, con la ilusión de una niña, con la pureza de quien nunca ha sufrido, ama desde el amor a ti, con libertad y sin cadenas. Y ámate a ti sobre todas las cosas, porque solo desde el amor verdadero a ti misma puedes regalar tu amor al mundo y a los demás.

Ámate para amar. Permite que te amen para aprender a amarte.

La vida es un dar y recibir que permite que todo se llene de amor, tu energía más pura.

Y cuando te pierdas y no te encuentres, vuelve siempre a ti. Tu camino es de vuelta, el sentido es hacia dentro. Y tú siempre serás tu hogar.

Y ahí estaba ella,
bailando con el silencio cuando nadie la miraba,
trenzando sus tristezas para que así dolieran menos,
danzando con el miedo cuando elegía no creer.
Porque a veces se perdía de ella misma,
cuando se alejaba de su poder,
o dejaba de escuchar su alma,
olvidando que era diosa,
que era todo,
y que solo el camino a su corazón
le hacía volver.
Al amor.
Al poder de su alma.
A su magia.
A ella.
Y cuando encontraba su poder
era infinita.
Nadie podía derribarla cuando creía en ella.
Nada era imposible cuando sabía hacia donde ir.
Todas las diosas vivían en ella cuando se sentía luz.
Tenía la fuerza del viento.
El poder del fuego.
La seguridad de la tierra.
Y la versatilidad del agua,
superando la adversidad a cada paso,
reinventándose en cada caída,
y volando a la altura de sus sueños.
Y solo así,
conectada con el poder divino que vivía dentro de ella,
era invencible.

## Para terminar...

Si has llegado hasta aquí, espero que te sientas diferente.

Que hayas encontrado ese compromiso contigo para regalarte una vida llena de amor.

El *autoamor* es un camino que vas a ir creando paso a paso, decisión a decisión, hasta llegar al destino más mágico de tu vida:

a ti misma y a tu verdad. A la verdad de tu ser. A tu esencia.

A ti, desnuda de máscaras, de contratos sociales o de aprendizajes que te han servido durante un tiempo, pero que te han alejado de quien eres tú.

El autoamor no es una meta, sino un camino.

Una vida que eliges transitar junto a ti misma.

Espero que en el camino de encuentro contigo hayas dejado atrás personas, cosas y situaciones que no te hacían bien, que te alejaban de ti y que no te ayudaban a amarte. Aunque en el camino también habrás aprendido que en realidad todas las cosas, situaciones y personas que te incomodan, a la vez son maestros que traen una enseñanza en tu camino de aprendizaje, y son claves para tu evolución.

Y que en realidad nadie es tóxico en tu vida; solo necesitas descubrir qué hay en ti que te conecta con ellos. Y sanarlo.

Hasta que no aprendas lo que tienen para ti, no desaparecerán de tu vida.

También espero que en este camino de *autoamor* hayas incorporado a tu vida nuevas rutinas, nuevas acciones y, sobre todo, nuevas miradas a ti misma, aprendiendo que todo lo que está en ti es perfecto como es, y que solo cambiando tu forma de mirarte, ya eres diferente.

Y que como te mires a ti, mirarás el mundo.

Y la compasión, el amor y el respeto que tengas contigo misma y tus sentimientos, tendrás con los demás.

Que todo lo que te das a ti misma, también se lo das al mundo.

Que amarte es la forma más bonita de amar el mundo,
con equilibrio, coherencia y verdad.

Imagina todo lo que hay en ti: *pensamientos, creencias, autovaloración, respeto a ti misma, propósito, amor, críticas, motivación, fuerza, heridas, sueños, autocuidado, fortalezas, autoaceptación, miedos.*

Ahora mete todo en un saco, tan grande y bonito como puedas imaginar.

Y ahora ciérralo, y hazle un lazo, con mucho cuidado y atención.

Todo lo que hay ahí, eres tú.

Interminable. Imperfecta. Incompleta. Infinita.

Eres tú con todo lo que ves de ti. Lo que hay en ti.

Lo que aceptas de ti, y lo que no.

Y ahora

estás lista para amarte.

Sin cambiar nada. Sin quitar nada. Sin poner nada.

Amarte como eres,

desde la luz de ver lo que eres, lo que hay en ti,

sea lo que sea.

Desde la aceptación de vivir tu verdad, sin vendas, ni máscaras; solo siendo tú.

Desde la comprensión del que abraza lo que es, sin hacer demasiadas preguntas; solo está.

Desde el amor más puro e incondicional, amando lo que es, sin pretender cambiar.

Poner luz. Aceptar. Comprender. Amar.

Cada paso, tan difícil como bello, tan doloroso como sanador.

Todo forma parte del camino que te lleva a la verdad de tu alma, a la esencia de tu corazón.

Allí te espera el regalo que la vida tiene para ti:

tu amor incondicional.

♥

Gracias por dejarme acompañarte en tu camino, a (re)descubrir el autoamor que vive en ti, y a (re)conectarte contigo y con tu magia.

Presta, regala, comparte este libro con quien creas que lo necesita para amarse más,

y también será una forma de amarla tú.

Con amor

*Laura*

Recuerda mostrar tus alas
a las mujeres que tienes cerca
y así les recordarás
que ellas también las tienen.

## Agradecimientos

Gracias por acompañarme un libro más, hasta aquí (y ya van 7), o por descubrirme, si es el primer libro que lees de mi autoría. Siempre digo que todo llega en el momento perfecto, y si ahora este libro está en tus manos, es que es perfecto así.

Quizá en este momento estás sintiendo que tienes que volver a empezar, o a abrirlo por cualquier página para leer cualquier cosa. Eso también es perfecto, porque este libro no tiene ni principio ni fin, solo amor.

Quizá estás sintiendo que alguien que amas lo necesita. Cuidar a alguien regalándole un libro que sientes que le va a ayudar a amarse más, es amor.

Quizá estés sintiendo eso de ¿cómo no ha llegado a mi vida este libro antes, para amarme más y sufrir menos? Y eso mismo sentí yo al escribirlo. Quizá todo hubiera sido más fácil y menos doloroso, pero no estaríamos aquí así, yo siendo yo y tú siendo tú, porque nos faltaría esa parte de nuestro camino. Así que le dedicamos un *gracias* enorme a cada paso, cada piedra y cada persona que nos haya ayudado a ser quienes somos en este momento.

Gracias por elegir amarte, por sentir que algo en ti puede ser aún más bonito si eliges mirarte desde el amor y con más amor. Gracias por creer en mí, por hacer tuyas mis palabras, compartirlas y regalarlas. Y por compartir, regalar, recomendar este libro y los anteriores, porque sin darte cuenta haces posible que siga compartiendo mi luz.

Gracias en especial a mi familia elegida, esas personas que cada día me acompañan en mi vida, de cerca, muy de cerca, y a veces de lejos, porque amar también es comprender, y quien sigue a tu lado mientras tú estás aprendiendo a amarte, son los de verdad. Sin vosotros el camino sería mucho más difícil. En especial a Eva, Sonia, Paco, Alex, Noe, Elena, Ana, Mentadays, Carmen, Cristina, Isa, Cynthia y Alejandra.

Gran parte de la magia de este libro la hemos descubierto en los retiros que facilitamos Andrea Rodríguez y yo. Gracias, hermana de alma, por la magia que hacemos juntas cada día, y que sean muchos más.

Yo puedo decir que hay quien me ha visto nacer y sigue de mi mano. Me cuentan que cuando llegué a casa con horas de vida, se asomaron a la cuna a ver quién era esa niña. Todavía andamos descubriendo quién es esa niña, pero juntas el camino es más fácil. Os amo, Paqui, Úrsula, María José.

Gracias, Fran, por tu paciencia y amor, tu comprensión y respeto a mis tiempos, por ser parte de este libro y verlo nacer, creer en él y en mí.

Mamá, papá, gracias por acompañarme y apoyarme cada día en esta vida tan diferente de lo que habíamos imaginado. Todo lo que soy es vuestro.

Gracias a mi editor Gonzalo Albert, porque ha hecho posible que este libro exista. Hemos sentido, arriesgado y hecho magia juntos, gracias por darle forma a lo que necesitaba gritar mi corazón. Por creer en mí más que yo. Me siento afortunada de estar contigo. Y gracias, Mónica, Carlos y al equipo de Aguilar, por aterrizar el libro y cuidar cada detalle con tanto amor para que sea mágico.

Gracias a mis clientes, profesionales y personas que cada día confían en mí para que les acompañe en su crecimiento personal o en el desarrollo de proyectos.

Y gracias a cada persona que ha pasado por mi vida, aunque ya no esté, porque su estela se quedó conmigo en forma de aprendizaje, y eso es para siempre. No habría podido escribir este libro sin el dolor, las personas o las experiencias que he tenido, y que me han hecho estar aquí hoy descubriendo para ti el autoamor. Primero en mí, y luego para ti.

Y a ti Norah: todo lo que hay aquí es para ti. Cuando quieras, cuando sientas, cuando sea tu momento, será perfecto. Gracias por ser mi hija, mi maestra, mi camino a Tierra y mi despertar. Te amo.

Hasta aquí esta parte de la aventura.

Sigamos caminando juntas/os. Te espero cada día en mis redes para seguir compartiendo

Instagram: @laura_chica y @autoamor.es

en mi canal de Telegram: t.me/laura_chica

y para hablar de este libro, con el hashtag #autoamor y #AutoamorLauraChica

Te invito a entrar en la web www.autoamor.es y en www.escuelamaitri.com donde descubrirás más contenido sobre autoamor, claves, recursos y formaciones, y sobre el modelo 10A que desarrollamos más profundamente.

Nos vemos pronto,

y recuerda cada día

no olvidarte de ti.

Con amor.

Laura

Más de veinte años como psicóloga me han servido para descubrir el camino a mí misma mientras acompañaba a otras personas a descubrir el suyo. Nunca paro de aprender, porque cuanto más sé, más sé que no sé. Y desde ese lugar todo es posible. Me he perdido y caído tantas veces que el día que me encontré no sabía quién era. Ahora me siento en casa y, desde aquí, siento que tengo este mensaje para ti: el libro que tienes en tus manos.

Con la psicología como eje principal, el coaching como herramienta para alzar el vuelo y la espiritualidad como camino de conexión con tu verdad, ayudo a las personas y los equipos a brillar. Porque brillar es de valientes, y valientes son los que se atreven a sentir su verdad.

Después de escribir el bestseller *365 Citas contigo,* y los 4 libros anteriores, mi camino de desarrollo me ha traído a este momento. El momento en el que amarte se convierte en tu mayor verdad. En la fuente de todo lo que das. En el mayor regalo que puedes hacer al mundo. Y a ti misma.

Autoamor es encontrar en ti el camino de vuelta a casa.

Que si algo hemos aprendido en esta vida es que el amor todo lo cura.

Y a ti también.

Laura